땅의 역사

땅의 역사 6

흔적: 보잘것없되 있어야 할

초판 1쇄 | 2023년 5월 18일

글과 사진 | 박종인

발행인 | 유철상
책임편집 | 김정민
편집 | 홍은선, 정유진
디자인 | 노세희, 주인지
마케팅 | 조종삼, 김소희
콘텐츠 | 강한나

펴낸곳 | 상상출판
출판등록 | 2009년 9월 22일(제305-2010-02호)
주소 | 서울특별시 성동구 뚝섬로17길 48, 성수에이원센터 1205호(성수동2가)
전화 | 02-963-9891(편집), 070-7727-6853(마케팅)
팩스 | 02-963-9892
전자우편 | sangsang9892@gmail.com
홈페이지 | www.esangsang.co.kr
블로그 | blog.naver.com/sangsang_pub
인쇄 | 다라니
종이 | ㈜월드페이퍼

ISBN 979-11-6782-136-2 (03910)

땅의 역사

6

흔적: 보잘것없되 있어야 할

글과 사진 박종인

상상출판

일러두기

1. 본문에 등장하는 인물 나이는 2023년 기준의 연 나이로 했습니다.
2. 본문에 나오는 1896년 이전 연도와 날짜는 음력 기준입니다. 필요할 경우 양력으로 표시한 부분도 있습니다.
3. 인용된 1차 사료 출처는 본문 내에 표기하지 않고 숫자로 주석을 달아 본문 뒤편 '주'에 표시했습니다.
4. 단행본·총서·정기간행물에는 겹낫표(『』)를, 인용서에 수록된 글·장·통계자료에는 홑낫표(「」)와 작은 따옴표('')를, 노래·미술작품에는 홑화살괄호(〈〉)를 사용했습니다.
5. 반복적으로 사용되는 동일 출처 표기에는 일부 정보를 생략하고, 흐름에 맞게 의역한 부분도 있습니다.
6. 보편적으로 알려진 역사적 사실은 따로 인용 출처를 표시하지 않았습니다.
7. 몇몇 인명과 지명은 외래어 표기법을 따르지 않고 독자들에게 낯익은 발음대로 표기했습니다.

이 책을 읽는 법

『땅의 역사』 6권은 흔적에 관한 책이다. 사람이 남긴 흔적과 역사가 남긴 흔적에 대한 이야기를 모았다. 잊히지 않은 기억이라면, 모든 기억은 추억이 된다. 아픈 기억이 추억으로 변하기 전에, 사람들은 지운다. 편지를 불태우고 선물 받은 목도리와 목걸이와 책을 버린다. 역사도 그렇다. 아픈 역사에 대해 사람들은 민감하다. 추억으로 변하려는 풍경이 보기 싫어서 흔적을 지워버리는데, 개인이 아니라 한 공동체가 겪은 쓰린 역사라면 사람들은 쉽게 놔두려고 하지 않는다. 그냥, 지운다.

많은 흔적들이 그렇게 사라졌다. 대개 외세에 시달리던 개화기 때 흔적들은 알게 모르게 그런 방식으로 다 지웠다. 그러다 보니 대한민국을 살고 있는 우리들에게 근세 100년은 사라져버리고 우리는 근대라는 현실 속에서 아득한 중세 흔적을 바라보며 이를 찬란한 역사라고 굳게 믿으며 살고 있다.

그래서 좋은가. 건드리면 좋을 거 없고 아프기만 하다고 망각해 버리면 기분이 좋은가. 흔적만 본다면 우리는 사춘기를 거치지 않고 갑자기 성인이 돼버린 애늙은이와 다를 바 없다. 아픈 역사라고, 창피한 역사라고 외면하면 우리가 도대체 어떤 힘든 경로를 거쳐서, 얼마만큼 진한 피와 땀을 흘려서 이렇게 찬란한 대한민국을 만들게 됐는지 설명할 방법이 없다.

다행히 이 땅에는 지워지지 않은 100년 전 흔적들이 몇 군데 남아 있다. 교과서와 인터넷 포털에 소개돼 있는 유명 관광지나 명산대천이 아니다. 그 흔적들은 때로는 서울 도심 한가운데 있는 작은 돌덩이이기도 하고 깊은 산중에 가정집 시멘트 포장 마당에 자빠져 있는 비석이기도 하다. 애써 찾아가지 않으면 보이지 않는, 그런 작은 흔적들이 다행히 사라지지 않아서 우리에게 옛이야기를 들려준다.

경복궁 행랑채에는 이기적인 남정네들과 허약한 국가 탓에 이역만리로 끌려간 공녀(貢女)들 한(恨)이 서려 있다. 서울 안국동에 있는 공예박물관 터에는 조선 500년 궁중 비사와 천민 취급받으며 이 땅에 살아간 장인(匠人)들 삶이 남아 있다.

식민시대 35년 만에 해방이 찾아왔을 때, 스스로 민족 지도자라고 불렀던 사람들, 예컨대 이승만, 김구, 박헌영, 여운형 같은 사람들은 식민시대 내내 떵떵거리고 살았던 친일재벌들 집에 들어가 살았다. 그게 경교장이고 이화장이고 혜화장이다.

연전에 불에 홀딱 타서 대한민국 사람들을 비탄에 잠기게 했던 서울 남대문에는 합리적 이성으로는 이해가 불가능한 조선 23대 국왕 영조의 히스테리가 가득 배어 있다. 서울 사람들이 즐겨 찾는 정독도서관에는 150년 전 혁명가 김옥균과 서재필, 친일 귀족 박제순이 발자국을 깊게 찍어놓았다.

충남 공주 사랑골에는 조선 개화기 동학 농민전쟁을 촉발시킨 탐관오리 조병갑이 잠들어 있다. 다행히 그 무덤이 훼손되지 않고 남아 있어서 1894년 그 뜨거운 민란시대를 우리에게 증명해 준다.

서울 공덕오거리에 가면 한 시대를 풍미했던 상남자 흥선대원군 이하응이 어른 무릎 높이만 한 돌덩이 금표(禁標) 속에서 우리를 본다. 그 대단했던 권력과 위세 그리고 허무한 몰락이 돌덩이에 묻혀서 우리를 바라본다.

청나라 마지막 황제라면서 영화 소재로도 나왔던 만주국 황제 푸이 글씨가 경기도 구리 야산에 있는 가정집 빨래판에는 도대체 왜 새겨져 있는가. 20세기 초 탐욕의 화신 윤덕영 이야기를 들으면 그 연유를 알게 된다. 반면에 통감 이토 히로부미 손을 잡고 전국을 한 바퀴 돈 허수아비 황제 순종을 기린답시고 대구에 세워놓은 거대한 순종 동상은 연유도, 이유도 알 수가 없다.

이렇게 이 책에는 우리가 알지 못했던 낯선 흔적들이 그려져 있다. 누군가에게는 무의미한 낙서이기도 하고 누군가에게는 호기심을 풀 대상이기도 하리라. 스무 군데 남짓한 이 흔적들은 주로 수도권에 몰려 있다. 좋은 날 혹은 나들이하기 적당하게 가랑비 내리는 날 그곳으로 떠나보라. 왜 대한민국이 이렇게 살게 되었나에 대한 해답이 거기에 있다. 이거저거 심각한 거 다 싫으면 이 작고 보잘것없는 흔적들이 용케 살아남아 있구나! 하고 감탄하고 돌아오면 되겠다.

2023년 봄날
저자 박종인

차례

2장 폭풍 같았던 흔적들: 조선 후기
"나라의 절반이 역적이더라"

차례

1장

흔적의 시작: 조선 전기

"너희는 물건이니라"

경복궁 사정전 석양

01 | 서울 안국동 175번지에는 500년 조선왕실 비사(祕史)가 숨어 있다네

안동별궁(安洞別宮)에서 벌어진 오만가지 일들

오래도록 조선왕실 별궁別宮 터였고 최근까지 풍문여고 학교 터였던 서울 안국동 175번지에 서울공예박물관이 있다. 2021년에 개장했다. 일반인은 범접할 수 없던 그 권위적 공간이 왕조 500년 동안 천대받던 무명씨 장인匠人들을 기리는 공간으로 변했다. 좁다면 좁은 이 공간을 찬찬히 뜯어보면 조선왕국이 500년 동안 걸어온 발자국이 또렷하게 보인다. 법을 바꿔가며 막내에게 집을 지어준 세종에서 전화戰禍 속에서도 고모가 살 집 공사를 강행한 인조 그리고 왕조 사상 최고 호화판 혼례식을 치러낸 고종 왕비 민씨와 식민시대 최고 갑부 민영휘까지, 이 땅을 차지했던 사람들 흔적.

세종의 죽음과 안국동 동별궁

1450년 2월 17일 개국한 지 100년도 되지 않은 조선왕조 기틀을 닦고서 세종이 죽었다. 각종 성인병을 동반한 채 과로로 몸을 혹사시킨 왕이었다. 21

세기 대한민국 주소로 서울 종로구 율곡로3길 4, 지번으로는 안국동 175번지 막내아들 영응대군 이염 집 동별궁東別宮에서 죽었다. 천재들을 지휘해 조선의 군사와 과학과 성리학 질서 구축을 마무리한 천재요 '처음부터 끝까지 올바르게만 했던(終始以正·종시이정)' 군주였다.[1]

죽기 한 달 전인 1450년 2월 4일 세종은 막내아들 집으로 거처를 옮겼다. 이후로도 모든 사무를 재결하는 데에는 물 흐르듯 하되, 모두 끝까지 정밀하

조선왕조 내내 왕실 별궁(別宮)으로 사용됐던 서울 안국동 175번지. 지금은 서울공예박물관으로 쓰인다. 세종이 막내아들 영응대군 사저로 저택을 지어준 이래 성종, 중종, 인조, 숙종에 이르기까지 이 터에는 왕족을 위한 호화 저택이 존재했다. 1882년 임오군란 넉 달 전 이 별궁에서 '조선왕조 사상 최고 호화판' 혼례식이 벌어지기도 했다.

박물관 부설 어린이박물관 옆에 있는 400살 먹은 은행나무

게 하기를 평일과 다름이 없었다. 2월 15일 승려 50명이 별궁에 모여 임금 쾌유를 비는 기도를 올렸다. 운명을 예상했는지, 그날 세종은 대사면령大赦免令을 반포했다. 다음 날 병세가 악화된 왕은 모든 정사를 정지했다. 다음 날 세종은 하늘로 갔다.

부동산 갑부 영웅대군 이염

세종은 나이 서른일곱에 생긴 막내아들 염琰을 끔찍이 사랑했다. 궁중 예법에 따라 다른 아들들은 아비인 왕을 '진상進上'이라 불렀으나 염만은 무릎에 앉히며 "15세까지는 아버지라 부르라"고 했다.[2]

염이 열 살 되던 1444년 세종은 경복궁 사정전에서 규수들을 면접하고 여산 송씨 여식을 며느리로 간택했다. 아들이 처가에 사는 동안 세종은 영응대군 거처를 준비했다. 2년이 지난 1446년 안국동에 집을 짓기 위해 민가를 철거하고 집터를 골랐다. 실록에 따르면 '그때 건축하는 비용이 이루 다 기록할 수가 없었다.'[3]

또 2년이 지난 어느 날 세종이 이리 말했다. "여러 아들 집을 짓는데 남의 집을 많이 헐어서 비웃음이 많았으나, 왕자로 하여금 성문 밖에 나가 살게 할 수야 있겠는가." 그리고 본심을 말했다. "옛 법에 따르면 대군 집 대들보 길이는 8척밖에 안 되니 너무 좁다. 대들보 길이를 10척으로 확장하려 한다. 내 결정이 틀렸나."

법을 바꿔서 아들 집을 넓히겠다는 말에, 신하들은 만장일치로 화답했다. "지금도 사람들은 꼭 옛 법을 지키며 짓지 않사옵니다."[4] 며칠 뒤 지관 이현로가 "(땅을 닦고 있는 여러 후보지 가운데) 좋은 땅이 안국동만 한 데가 없다"고 아뢰자 드디어 안국동 인가 60여 채를 헐었다.[5]

이듬해 여름 집현전에서 "대군의 저택이 너무 화려하다"고 지적했다. 세종이 "다른 아들들 집과 다를 바 없는데 무슨!" 하며 화를 냈다. 놀란 대신들은 "절대 지나치지 않으니 공사를 진행하시라"라고 답했다.[6] 공사는 강행됐다. 영응대군은 부동산 거부가 되었다. 그뿐 아니었다. 세종이 죽고 왕에 즉위한 맏형 문종은 세종 유지를 받들어 궁중 금고 내탕고에 있던 보물을 모두 막내에게 주었다. 왕실에 대대로 내려오던 보화가 모두 염에게로 돌아갔다.[7]

권력 투쟁, 그리고 살아남은 별궁

혼례를 치르고 5년이 지났지만, 며느리 송씨에게는 자식이 없었다. 세종은

"병이 있다"는 이유로 영웅대군과 송씨를 강제 이혼시키고 해주 정씨 여식에게 장가를 보냈다. 여러 만금의 진귀한 보물을 또 선물로 주었다.[8] 세종이 죽고 문종이 즉위했다. 문종 또한 영웅대군이 사는 이 동별궁에서 즉위식을 가졌다.

1453년 10월 10일 밤 중무장한 수양대군 무리가 서대문에 사는 김종서를 찾아가 이리 물었다. "영웅대군 부인 일을 종부시宗簿寺(왕실 감찰 부서)에서 조사 중인데, 정승께서 지휘하시나?"[9] '영웅대군 부인 일'은 전처 송씨와 재결합한 일을 말한다. 입을 다문 김종서 머리 위로 철퇴가 날아갔다.

해주 정씨를 아내로 맞은 영웅대군은 옛 아내 송씨를 잊지 못했다. 궁에서 쫓겨난 송씨는 친오빠 송현수 집에 얹혀살았다. 오빠 송현수는 수양대군과 친구였다. 수양대군은 수시로 막내 영웅을 친구네 집으로 데려갔고, 그 새 둘 사이에 딸이 둘 태어났다. 계유정난을 성공시키고 한 달 뒤인 1453년 11월 28일 수양은 왕명으로 해주 정씨를 폐출시키고 막내를 옛 아내 송씨와 재결합시켰다.[10]

이어 수양은 친구 송현수 딸을 자기 조카 단종에게 시집보냈다. 권력 주변을 측근으로 가득 채운 것이다. 그리고 2년 뒤 본인이 왕이 되었다. 용도 폐기된 친구 송현수는 장 100대를 맞고 관노로 전락했다.[11] 그리고 두 달 뒤 결국 정난공신들 강청에 의해 목이 매달려 처형됐다.[12]

그 와중에 살아남은 영웅대군은 안국동 별궁을 지켰다. 해주 정씨와 재결합한 송씨 사이에도 아들이 없자 영웅은 연안 김씨 처녀와 또 혼례를 치렀다. 권력이 안정기에 접어든 1466년 세조는 별궁을 찾아 막내와 술잔치를 벌였다.[13] 이듬해 영웅이 죽었다. 별궁은 첫 아내 송씨 소유가 됐다.

20세기 초 안동별궁

별궁 첫 주인인 세종 막내아들 영응대군 묘비. 부부 내력이 복잡해 비석에 적힌 부인이 셋이다. 경기도 시흥에 있다.

중요하되 대세와 무관한 주인들

1471년 혼자 살던 송씨가 별궁을 성종에게 바쳤다. 성종은 이 집을 '연경궁'이라 부르고 형인 월산대군에게 하사했다.[14] 이에 월산대군은 살고 있던 정동 집에서 안국동으로 이사했다.[15] 100년 뒤 임진왜란 때 의주로 도주했던 선조는 환도 후 정동 월산대군 집을 궁으로 삼고 살았다.

또 벌어진 호화 건축공사

월산대군이 죽고 비어 있던 안국동 집은 1522년 중종 때 맏옹주였던 혜순옹주에게 하사됐다가 인조 때 다시 정명공주에게 넘어갔다. 정명공주는 광해군에 의해 폐위당한 인목대비 딸이다. 광해군을 몰아낸 인조에게 인목대비와 딸은 정통성 확보를 위한 상징이었다.

그리하여 또다시 한성 한복판에서 자그마치 300간짜리 주택 건축공사가 벌어졌다.[16] 집터는 광천위光川尉, 중종 때 혜순옹주 남편 김인경 옛집이었고 때는 '이괄의 난'으로 인조가 공주로 달아났다가 환도한 지 반년도 안 된 1624년 한여름이었다.

"지금이 어느 때인가. 수도가 함몰되고 종사가 파천하는 변란을 막 겪었다. 어찌 가졌어도 거듭 갖고 집 위에 집을 더하려고 하는가. 재목과 기와는 자식을 팔고 지어미를 잡혀 고혈膏血을 짜낸 끝에 나온 것이다. (공주 집 신축공사명을) 거두시라." 사간원이 반발했지만, 국가 목재와 기와를 지급해 공사를 하겠다는 인조 뜻은 꺾이지 않았다.[17] 안국동은 돌과 나무가 도로에 쌓였고 종들은 남의 담장 돌을 빼갔으며, 사족의 부녀자들을 욕보이기까지 하는 난장판으로 변했다.[18] 집 또한 주춧돌만 봐도 크기가 수백 칸에 이르러 지나가는 사람이 저절로 오싹해질 정도로 사치스러웠으나 인조는 '오히려 좁고 작다고 여겼다'.[19]

초호화판 혼례식과 임오군란

그 땅에서 1882년 2월 조선왕조 최고 호화판 결혼식이 벌어졌다. 고종과 왕비 민씨 맏아들, 왕세자 이척과 여흥 민씨 처녀 혼례식이었다.

1879년 고종이 별궁 건축을 명했다. "경비가 궁색하니 토목 공사가 맞지는 않지만 별궁別宮이 없는 것도 온당치 않다. 지어라."[20] 나흘 뒤 별궁 터는 정명

공주 옛집으로 결정됐다. 공사는 1880년 9월 끝났다. 그리고 1881년 12월 9일 안국동 별궁이 세자 혼례식 장소로 결정됐다.

1882년 2월 22일 여덟 살 먹은 세자 이척과 열 살짜리 여흥 민씨 혼례가 안동별궁에서 거행됐다. 궁중 물자 목록인 '궁중발기'에 따르면, '혼수용 이불만 560채에 이르러' 이틀에 3채씩 덮어도 한 해 다 덮지 못할 정도로 인조 이후 사상 유례없는 호화판이었다.[21]

그리고 넉 달 뒤 왕십리 하급군인들이 폭동을 일으켜 13개월 치 밀린 월급을 요구하며 왕비 일족을 대거 살해했다. 1966년 채록된 당시 상궁들 증언에 따르면 왕비 민씨는 "며느리가 복이 없어서 난리가 났다"며 열 살짜리 며느리가 그 무거운 가채를 쓰고 아침 문안을 와도 저녁까지 세워놓기 일쑤였다.[22]

왕조 500년 내내 안동별궁은 왕족의 땅이었고 백성과 철저하게 유리된 공간이었다. 별궁 북쪽에는 서광범이 살았고 서재필이 살았다. 더 북쪽에는 김옥균이 살았다. 동쪽에는 홍영식이 살았다. 홍영식 옆집에는 개화파 태두 박규수가 살았다. 이들이 일으킨 개화 혁명이 갑신정변이었다. 1884년 양력 12월 4일 이들은 안동별궁 방화를 신호로 거사를 준비했다. 하지만 방화는 실패했고 대신 옆집 초가가 불탔다. 이 젊은 혁명가들이 안동별궁 방화를 거사 신호로 삼은 결정도 별궁이 가진 역사적 의미와 연관이 있지 않을까.

1930년대 별궁은 친일갑부 민영휘 가문 휘문의숙 영신 재단에 매각됐다.[23] 1945년 민영휘 후손은 그 터에 풍문여고를 개교했다. 옛 별궁 건물들은 경기도 고양 한양컨트리클럽을 포함해 민씨들이 운영하는 기업으로 이축됐다가 일부 충청도 부여 한국전통문화대학으로 이건됐다. 구내에 있던 '하마비下馬碑'는 서울 강남으로 이전한 풍문여고로 함께 가져갔다.

백성에게 돌아온 별궁, 박물관

　그 폐쇄된 특권의 공간에 옛 천민賤民을 기리는 박물관이 들어섰다. 박물관 이름은 '서울공예박물관'이다. 종이를 만들고 붓과 벼루와 먹을 만들고 그릇을 만들고 그림을 그리고 옷을 짓고 보자기를 만들고 돌을 깎고 쇠를 녹여 비녀와 노리개를 만들어 세상을 윤택하게 만들던, 그럼에도 500년 동안 천대받던 장인匠人들 작품과 그 이름이 당당하게 별궁 터에서 관람객을 맞는다. 안국동 175번지, 이 땅에 남은 흔적이 깊고 넓고 복잡하다. 땅의역사

식민시대 장인 김진갑의 '도태 나전칠 공작무늬화병'. 천대받던 장인이 자기 이름으로 만든 작품과 그 포장이다. 기이하게도 장인들은 나라가 망하고 나서야 자기 이름으로 작품을 만들 수 있게 됐다. [서울공예박물관]

02 "못생긴 계집을 내놓으면 왕명으로 벌한다"

중국에 바친 여자, 공녀(貢女)

'(명나라 가는 공녀貢女 선발을 피하기 위해) 딸자식 둔 어떤 자는 사윗감 서 넛을 동시에 부른 뒤 맨 먼저 온 사내에게 시집보낸다. 강보에 싸인 어린 계집 을 유모가 안고 시집을 보내기도 한다. 심지어 어느 집에서는 하루에 딸 서넛 을 한꺼번에 시집보내기도 한다. 서울에 남은 총각과 처녀가 전혀 없었으니 천고千古에 들어보지 못하던 일이었다.'24

그랬다. 잊을 만하면 어김없이 나타나 처녀들을 내놓으라고 닦달했던 중 국 사신들과, 그들로 인해 공포 속에 던져졌던 조선 처녀들 이야기.

여자들의 삶 1: 수절(守節)

조선 과부가 정정당당하게 재혼할 수 있게 된 때는 자그마치 서기 1894년 이었다. 동학농민전쟁 이후 성립한 갑오개혁 정부가 이 너무나도 당연한 권리 를 500년 만에 인정한 것이다. 그때까지 조선 여자에게는 '수절守節(절개를 지킴)'이라는 규범이 강요됐고 그녀들은 강요된 규범임을 깨닫지 못한 채 당연한 일로 지켜왔다. 해도 너무했다.

고려는 달랐다. 예컨대 이런 일.

"충렬왕(재위 1274~1308) 때 종3품 대부경 박유가 이리 주장했다. '고려에 남자가 적고 여자가 많은데 처가 하나밖에 허용되지 않는다. 그러니 계급에 따라 첩을 여럿 둘 수 있게 하자.' 그러자 부녀자들은 누구라 할 것 없이 두려워하며 박유를 원망하였다. 그 박유가 임금 행차를 따라가는데, 거리에서 한 노파가 손가락질했다. "저 자가 바로 그 빌어먹을 늙은이다!" 사람들이 연이어 손가락질하니 거리에 붉은 손가락들이 줄줄이 엮어놓은 듯했다. 당시 재상들 가운데 공처가가 많아(有畏其室者·유외기실자) 결국 일부다처제는 시행되지 못했다."[25]

여자들의 삶 2: 고려 공녀

당당한 여자들이 고려에 살았고, 그 고려가 망하고 조선이 되었다. 여자들에게 수절이 강요됐고 남자들은 어느덧 첩을 거느리며 살게 되었다. 두 왕조를 관통해 여자들을 벌벌 떨게 만들고 남자들을 애타게 만든 일이 있었으니, 공녀貢女다. 역대 왕조에서 중국으로 바친 여자다. 위 충렬왕 때인 1275년 원나라 황제 쿠빌라이가 이리 요구했다. "칭기즈 칸이 세계를 정복할 때 그 나라 왕들이 앞다퉈 미녀를 바쳤다는 사실을 들은 적이 있겠지? 그저 알려주기 위한 것이지 그대에게 자녀를 바치라는 것은 아니다."[26]

바치지 말라는 게 아니라 바치라는 이야기였다. 그래서 고려에서는 처녀들을 원나라에 바치기 위해 국내 혼인을 금지했고 결국 공녀로 선택된 처녀 10

명이 원나라로 갔다. 원나라로 바쳐진 공녀 수는 『고려사』에 기록된 숫자만 모두 44차례에 170명이었다.[27] 고려 여자들이 퍼뜨린 풍속도 원나라에 역수입돼 '사방의 의복, 신발과 모자 기물 모든 것을 고려를 모방해 온 세상이 미친 것 같았다(皆仿高麗 擧世若狂·개방고려 거세약광).'[28]

조선의 은폐된 조공품, 공녀

명나라 행정법전인 『대명회전大明會典』에 따르면 조선이 연례적으로 명나라에 바치는 공물貢物은 아래와 같다.

금은기명金銀器皿, 나전소함螺鈿梳函, 백면주白綿紬, 색색 저포苧布와 용문염석龍紋簾席, 색색 세화석細花席, 초피, 수달피, 황모필黃毛筆, 백면지白綿紙, 인삼, 종마.[29]

그런데 이와는 별도로 조선에 요구해 가져갔던 공물이 두 가지 더 있었으니 그 첫 번째가 여자, 공녀貢女다. 효종 때까지 공녀 146명이 명나라로 조공됐다.[30] 명나라 공녀는 정치적인 목적보다는 황제 개인이 즐기려는 목적이 더 컸다. 원나라는 고려에 대대적, 공개적으로 공녀를 요구한 반면 명 황제는 관리를 보내 비밀리에 공녀를 요구하곤 했다. 사대 질서 속에 생존하던 조선왕실은 그 무리한 요구를 들어줄 수밖에 없었다.[31]

황제 특명을 받은 이 관리들은 출신이 조선이다. 정확하게는 조선이 바쳐야 했던 또 다른 공물, 고자들이다. 성종 때까지 성 기능을 상실했거나 거세당한 조선의 고자 198명이 명나라로 끌려갔다.[32] 여자보다 52명 더 끌려간 저

경복궁 행랑에 석양이 내린다. 조선 전기에 이 궁궐에 딱 한 번 놀러와 보고 명나라로 떠났던 여자들이 있다. 명 황실에 바쳐진 공녀(貢女)들이다. 공녀들은 크게는 나라를 위해, 작게는 집안을 위해 희생된 '물건' 취급을 받았다.

사내들 삶에 대해서는 다음에 이야기하기로 하자.

남자의, 남자를 위한, 여자

참 딱했다. 여자는 정식 공물 리스트에 들어 있지 않은, 은밀한 공물이었다. 공녀 선발명 또한 물증이 남지 않는 구두로 통보됐다. 선발은 조선에 파견된 사신들이 결정했다.

건국하고 20년이 채 되지 않은 1408년 봄, 명나라 사신 황엄이 경복궁 근정전 서쪽 계단에 무릎을 꿇은 조선 국왕 태종에게 명 황제 영락제의 명을 전했다.

"황제께서 나에게 '조선국에 가서 국왕에게 말하여, 잘생긴 여자 몇 명을 간택해 데리고 오라'고 명하였다."

태종은 머리를 계단 바닥에 조아리며(叩頭·고두) 이리 답했다.

"어찌 감히 마음을 다해 명령을 받들지 않겠습니까(敢不盡心承命·감부진심승명)?"[33]

그해 10월 경복궁에서 최종 5명이 뽑혔다. 그런데 태종이 관료들에게 이리 말했다.

"하나같이 추색이니 이 뭐 하자는 건가?"[34] 그러니까 태종이 봐도 못생긴 여자들만 내시 황엄이 골라냈다는 말이다.

과연 이듬해 5월 또 사신으로 온 황엄이 황명을 전했다. 이번에도 구두口頭였다. "황명을 전한다. '지난해 너희가 바친 여자들은 살찐 것은 살찌고, 마른 것은 마르고, 작은 것은 작아서 모두 매우 좋지 못하였다. 너희 국왕 체면을 봐서 받긴 했으나, 다시 뽑아라.'"[35]

여자를 숨기는 남자

그 명을 받은 수도 한성 풍경은 살벌하고 처량하고 처절했다. '이날 평성군 조견의 딸은 중풍 걸린 듯 입이 삐뚤어졌고 이조참의 김천석 딸은 머리를 흔들었으며 전 군자감 이운로 딸은 다리가 병든 것처럼 절룩거렸다.'[36] '침이나 뜸을 떠서 병신 흉내를 내기도 하고'[37] 뽑힌 자 중에는 스스로 삭발하는 자도 있었다. 처녀를 숨긴 자를 색출하기 위해 온 마을 아전과 부녀자를 가두고 매질을 하는 일까지 생겼다.[38]

태종 때부터 100년 세월이 지난 중종 때에도 풍경은 달라지지 않았다. 그

같은 풍경을 보고받은 중종은 이리 탄식했다. "여자 뽑는 일이 어찌 원통한 일이 없겠는가? 혹시라도 구덩이에 몸을 던진다든가 목매 자살하는 폐가 있을까 염려스럽다."[39]

17세기 명에서 청으로 대륙 주인이 바뀌었다. 공녀 차출은 이어졌다. 북벌을 주장하던 효종 때 공녀 선발이 진행됐다. 7~8세 되는 아이 부모는 차출을 피해 아이들을 거의 모두 혼인시켰다.[40]

여자를 보내는 남자들

1417년 태종 때 명나라에 공녀로 간 두 처녀 가운데 한씨는 지순창군사 한영정의 딸이었다. 한씨는 그 미색이 명나라 영락제 눈에 띄어 황제 후궁이 되

경복궁 사정전에서 바라본 석양. 조선왕실은 명과 청이 요구하는 여자 조공 요청에 무기력했다.

었다.[41] 사람들은 그녀를 여비 한씨麗妃 韓氏라 불렀다.

10년 뒤 1427년 세종 9년 여름, 한씨 막냇동생 또한 그 미색이 알려져 공녀로 뽑혔다. 마침 병이 걸려 오라버니 한확이 약을 지어주니 그녀가 이리 말했다.

"누이 하나 팔아서 이미 부귀가 극진한데 뭘 위해 나에게 약을 주시오?"

그녀는 시집가려고 만들었던 이불 채를 칼로 찢어버리고 재물을 주위에 나눠줘 버렸다. 이듬해 그녀가 떠날 때 사람들은 그녀를 산 송장(生送葬·생송장)이라 했다.[42] 실록에 따르면 '한확은 재산이 넉넉하면서도 장차 공녀로 뽑히기 위해 혼기가 지난 누이를 시집보내지 않았다'며 누이를 슬피 여겼다.[43]

먼저 공녀로 갔던 여비 한씨는 영락제가 죽으면서 다른 후궁들과 함께 자살을 강요당하고 순장殉葬됐다. 그 여동생 한씨는 뒤를 이은 황제 선덕제 후궁이 되었다. 그런데 그녀는 '황제를 권하여 자주 조선에 사신을 보내 친족을 입조入朝(명 황실로 찾아오게 함)케 하니 이후 한씨 일족은 앉아서 부귀를 취하고 해를 나라에 끼침이 이루 말할 수 없었다.'[44]

세종의 선택 - 금은보화와 처녀

1409년 10월 자기 딸을 공녀로 보냈던 임천년이라는 자가 밀무역 혐의로 탄핵당했다. 태종은 "탄핵하지 말라"고 명했다.[45] 1425년 9월 두 누이를 공녀로 보낸 한확이 간통 혐의로 탄핵당했다. 세종은 이를 불허했다. 이유는 "이 사람은 내가 죄줄 수 없는 사람"이라고 했다.[46] 소위 '나라를 위해' 몸을 바친 가족을 배려하겠다는 뜻이며 남과 여라는 기준으로 본다면 가족을 희생시킨 대가로 면죄부를 벌었다는 뜻이다.

한확은 훗날 자기 딸을 왕실로 시집보내 왕실 외척이 됐다. 이 딸이 성종 어머니인 인수대비다.

명이 됐든 청이 됐든 대중對中 사대외교에 또 다른 큰 이슈가 있었으니 바로 금과 은 조공이었다. 금을 캐는 데 민폐가 이루 말할 수 없었던 1429년 8월, 세종이 명 황제 선덕제에게 친서를 보냈다. 이러했다.

"우리나라는 땅이 좁고 척박해 금은이 생산되지 않나이다. 금은 조공이 면제되면 황제의 덕德 가운데 춤을 추겠나이다."[47] 백성들 눈물 속에 공녀 20명을 떠나보내고 한 달이 지난, 한가위 사흘 뒤였다. 그해 12월 황제가 금은 조공 면제를 허가했다.[48] 하지만 세종이 보낸 친서에도, 명 황제가 보낸 칙서에도 금과 은만 언급됐을 뿐, 공녀 면제 관련 사항은 없었다.

이미 1427년 공녀 문제에 대해 세종이 명쾌하게 이렇게 결론을 내려놓았다. "그 원통함은 이루 말할 수 없으나 간쟁 대상이 될 수 없다. 명이 떨어지면 좇아야 하느니라(唯令是從而已·유령시종이이)."[49]

어디에서 무엇부터 잘못됐는지 모르겠으나, 어찌 됐건 공녀는 여자가 아니라, 공물貢物인 나라였다. 세상이 바뀌어 예쁜 한복 입고 저 고궁古宮에서 행복하게 시간을 보내는 21세기 대한민국 공화국시대 여자들을 보라. 공녀, 절대 남아서는 아니 될 흔적 아닌가. 땅의역사

03 | 선비가 절에
불을 질렀기로서니!

흥천사 동종의 운명과 조선 선비 불교 말살사

서울 덕수궁에는 커다란 종이 야외에 전시돼 있었다. 지금은 경복궁에서 복원과 보수 작업이 진행 중이다. 공식 명칭은 〈흥천사명 동종興天寺銘 銅鍾〉이고 대한민국 보물 제1460호다. '흥천사'라는 이름이 새겨져 있다는 뜻이다.

종 운명이 참 기구하다. 원래 종은 덕수궁 자리에 있던 흥천사라는 절에 걸려 있었다. 그랬다가 동대문에 걸렸다가 남대문에 걸렸다가 쓰러져 버려졌다가 마침내는 경복궁 광화문에 걸렸다가 식민시대 이왕직박물관에 전시됐다가 해방이 되고 그 자리 덕수궁에 서 있다가 지금은 영문도 모른 채 경복궁에 걸릴 예정으로 수리 중이다. 이 종은 바로 그 복잡다기한 조선 선비들의 불교 말살 작업이 남긴 흉터다.

조선왕실의 종교, 불교

조선은 이성계가 지휘하는 군인과 정도전이 이끄는 신진 사대부 연합 세력

덕수궁에 있었던 흥천사 동종

이 건국했다. 고려 말 부패한 불교 세력을 본 신진 사대부는 불교 자체를 혐오
했다. 그런데 조선왕실은 독실한 불교도들이었다. 불교를 옹호하는 왕실과
불교를 반反성리학적 이단으로 공격하는 사대부는 늘 갈등을 빚었다.

이성계에게는 아내가 둘 있었다. 고향 함흥에 한 명(향처), 개성에 한 명(경
처). 향처 한씨는 건국 한 해 전에 죽었다. 1392년 조선이 건국됐다. 향처 한
씨는 신의왕후로 추존되고 경처 강씨가 왕비가 되었다. 그녀가 1396년 죽었

다. 이성계는 그녀를 한성 취현방에 묻었다. 추존 시호는 신덕왕후이고 무덤 이름은 정릉이다. 그 옆에 절을 지었다. 절 이름은 흥천사다. 정릉을 지키는 원찰願刹이다. 이후 조선 왕릉 옆에는 늘상 원찰이 들어섰다. 그리고 양산 통도사에 있던 석가모니 진신사리 4과顆를 모셔와 흥천사 사리각에 모셨다. 석가모니 생전 이에서 나온 사리였다.[50]

피비린내 나는 왕자의 난을 거쳐 향처 한씨 소생 이방원이 왕이 되었다. 권력을 차지한 지 9년 뒤 이방원은 계모 무덤을 사을한沙乙閑(현 성북구 정릉동) 산기슭으로 쫓아버렸다.[51] 개국공신인 본인을 무시하고 계모 강씨가 자기 아들 방석을 왕으로 만들려고 한 괘씸죄였다. 취현방은 황화방으로, 정릉동으로 이름을 바꿨고 지금은 정동이라 불린다.

1419년 8월 23일 밤 세종은 내시를 시켜 흥천사 사리각에 있던 진신사리와 머리뼈를 궐내 내불당으로 옮기고 석가 열반 후 정수리뼈에서 나온 사리를 집어넣었다. 9월 1일 명나라 사신 황엄이 흥천사 사리를 친견했다. 상왕 태종은 "원래 있던 사리가 아니니 황제를 속인 것"이라고 주장했다. 9월 8일 조선 정부는 흥천사 사리탑에 있던 뼈와 사리를 사신을 통해 황제에게 바쳤다.[52]

세종은 신심이 독실했다. 세종은 "한나라 이후 역대 임금이 부처를 섬겼으니 내가 믿어서 뭐가 잘못인가"라며 노회한 관료들 속을 긁기도 했다.[53] 세종이 벌인 훈민정음 사업을 아들 세조가 계승한 방식도 불경 언해였다.

테러의 시작, 연산군

발화점은 연산군이었다. 연산군은 재임 후반부가 되면서 불교와 유학에 관심을 잃었다. 재위 10년째인 1504년 연산군은 "세조가 창건한 절이지만 나라에 도움이 되지 않는 원각사圓覺寺를 폐사시키라"고 명했다. 한성 내 사찰 훼철은 태조부터 성종 때까지 유생들 상소에 단골로 오른 레퍼토리였지만 단한 번도 채택되지 못한 이슈였다. 폭압적인 연산군 독재에 주눅이 들기도 했지만, 이 반反불교적 정책 발표에 성리학으로 무장한 관료들은 "지당하신 말씀"이라며 적극 동조했다. 그래서 절이 사라졌다. 이듬해 2월 원각사 터에 기생 수천 명을 기르는 장악원이 들어섰다.[54] 이 장악원 터가 지금 서울 탑골공원이다.

불교 제거에 성공했다고 손뼉을 치던 성리학 세력은 하나만 알고 둘은 몰랐다. 밑도 끝도 없는 거대한 폭정 파도가 몰아닥쳤다. 1년 뒤 연산군은 성리학 성지인 문묘文廟에서 유학 성현 위패를 철거하고 동물 우리로 만들어버린 것이다.[55]

그렇게 모든 규범이 와해된 상황에서 정동 흥천사와 태조 이성계가 인근 연희방에 세운 또 다른 절 흥덕사가 유생들의 방화 테러로 불구덩이 속에 사라지고 말았다. 연산군은 이를 '불문에 부쳤다.'[56] 한성 도성 내 왕실 사찰이 그렇게 전멸했다.

'미친 아이들'의 방화

1506년 9월 2일 중종이 즉위했다. 중종반정은 연산군 폭정에 맞서 관료들이 일으킨 쿠데타다. 쿠데타 명분을 세우기 위해 이들은 왕실 친척인 중종을 얼굴마담으로 내세웠다. 재임 초기 중종은 권력이 없었다. 쿠데타 당일에도 중종은 그 실체를 몰라 자살을 시도할 정도였다. 쿠데타 세력 요구에 따라 연산군 처남 신수근의 딸인 아내와 이혼을 한 그런 왕이었다.[57] 그런 허수아비 왕에게 폭정시대를 청산하겠다는 도학 정치가들이 나타나 개혁을 요구했다. 개혁은 교조적인 성리학 일변도였고, 반불교적인 요구는 한두 가지가 아니었다.

1510년 3월 27일 왕실에서 흥천사에 내시를 보냈다. 유생들이 흥천사 물건을 훔친다는 제보를 받고 조사하러 보낸 관리였다. 내시가 나타나자 유생들은 내시를 돌덩이로 내려치며 물건을 훔쳐 유유히 사라졌다. 그리고 다음날 밤 흥천사 사리각이 불탔다.[58]

다른 사람도 아닌 태조 이성계가 만들고, 다른 물건도 아닌 석가모니 진신사리가 보관된 건물이었다. 연산군 때도 방화를 면한 건물이었다. 사흘 뒤 중종이 대신들을 소집했다. "예로부터 유생들은 '미친 아이들(狂童·광동)'이라더니, 어찌 국가 재산을 불태우는가. 수사하라." 중종은 유생들을 '미친 아이'라고 불렀다.

"왜 우리를 수사하는가"

'미친 아이'는 방화를 한 유생들만이 아니었다. 이 '흥천사 방화 테러' 초기 수사 과정 일부 기록을 살펴보자.

먼저 실록 사관史官[59].

"절에 불이 났다고 유생을 심문하다니, 이단을 두둔하는 것과 다름없구나."(3월 30일)

나흘 뒤 승정원이 보고했다.

"불붙인 물건을 들고 절로 들어가는 유생을 본 목격자가 있다. 하지만 미약한 유생이 형벌을 받다 죽을까 두렵다." 중종이 답했다. "중범죄다. 수사하라."(4월 4일)

이틀 뒤 손난직이라는 성균관 생원이 상소했다.

"석가모니 부도가 하루 저녁에 다 타버렸으니 천백 년의 쾌거요 유가儒家의 경사이며 종사宗社의 복이다. 그런데 수사를 받고 있는 수백 유생들은 기운을 잃어 맥이 풀려 있다."(4월 6일)

성균관 교사 유운은 이날 이렇게 주장했다.

"절은 왕실과 관계없는데 왜 내시를 보내 일을 만드셨는가. 실수하신 거다. 폭군 연산군도 흥천사, 흥덕사 방화를 묵인했다. 예로부터 임금이 사사롭게 자기 마음대로 하면 그 화가 반드시 종사를 전복시키고야 만다."

'종사 전복'까지 들먹이는 관리들에게 중종이 놀라서 답했다.

"불이 이웃에 번지면 인명 피해가 생긴다. 이게 사사롭다고?"

하지만 중종이라는 권력자는 힘이 없었다. 홍위병처럼 사방에서 달려드는 유학자들 공세에 사건은 흐지부지돼 버렸다. 2년 뒤 중종이 이리 명했다.

"흥천사 부지를 사대부들에게 나눠주라."⁶⁰

흥천사는 폐사됐다.

집요했던 혐오와 무시

불교 흔적을 발본색원하겠다는 관리들 의지는 집요했다. 1519년 국왕 경연 교사인 시강관 이청이 이렇게 말했다. "부처는 만세토록 명교名教(유학)의

죄인이다. 간신들이 협조해 왕실에서 불교를 믿게 되었다. 그러니 원각사 터에 남아 있는 비석을 부수게 해달라."61 연산군 때 기생학교로 변한 원각사지의 비석을 없애버리자는 말이었다. 중종은 "굳이 내가 명해야 하겠는가?"라며 즉답하지 않았다.

이성계가 무학대사와 함께 생활했던 경기도 양주 회암사도 테러 대상이 됐다. 1566년 불교 신자였던 명종이 이렇게 말했다. "듣자 하니 유생들이 회암사를 불태우려 한다고 한다. 놀랍다. 진정한 유생이라면 어찌 이럴 리가 있겠는가." 실록 사관은 이렇게 평했다. "당연히 뽑아버려야 할 것인데도 오히려 보호하고 아끼는 의도를 보이니 무슨 일인가."62

우려대로였다. 임진왜란 와중인 1595년 화포를 만들기 위해 전국을 답사하던 군기시(무기를 다루는 관청) 관리가 선조에게 이리 보고했다.

"회암사檜巖寺 옛터에 큰 종이 있는데 또한 불에 탔으나 전체는 건재하며 (하략)."63

그 30년 사이에 회암사가 방화된 것이다. 2001년 회암사지 발굴조사보고서에는 이렇게 적혀 있다.

'폐사 시점의 건물지 대부분이 화재로 인해 폐기된 양상을 보여주고 있다.'64

회암사 수난은 1821년 정점을 찍었다. 경기도 광주에 사는 이응준이라는 유생이 회암사 터에 있던 무학대사 부도탑과 비석을 부수고 자기 아비 묘를 쓴 것이다.65

경기도 양주 회암사에 있는 무학대사 비석과 부도탑(뒤쪽). 1821년 한 유생이 아버지 묘를 쓴다며 부숴버려 복원한 비석이다.

흥천사명 동종에 새겨진 문양. 세조 때 만든 이 대종(大鐘)은 운명이 기구했다. 조선 초기 왕실 종교로 융성했던 불교는 이후 사림이 득세하면서 실질적으로 유림들의 테러 대상이 됐다. 서울 정동에 있던 흥천사도 수시로 방화에 시달렸고 많은 절들이 유생들 방화로 폐사됐다. 흥천사 종은 폐사지를 떠나 공무원들 출퇴근 시보용 종으로 쓰이기도 했다.

기구했던 절집 종들

1536년 흥천사 터에 남아 있던 거대한 동종이 남대문 문루로 옮겨졌다. 세조 때 만든 종이다. 또 연산군 때 폐사된 원각사 동종은 동대문으로 옮겨졌다. 원각사 종은 동대문 근처에 종각을 지어 그곳에 매달았다. 이게 국립중앙박물관에 있는 보신각 옛 종이다. 이후 종각은 헐렸지만 종은 오래도록 땅바닥에 방치돼 있었다. 옮긴 목적은 '성 바깥에서 출퇴근하는 관리들이 종소리를 듣지 못해 지각을 하므로'였다.[66] 출퇴근 시보 역할을 했던 이 신생 왕국 조선왕실의 성물聖物은 1985년 기능을 정지하고 중앙박물관으로 옮겨졌다.

남대문에 걸렸던 흥천사 동종은 흥선대원군이 경복궁을 중건하면서 광화문으로 옮겨 걸었다. 그리고 식민시대 초인 1910년 이왕가박물관이 그 종을 구입해 창경궁에 진열했다. 1938년 덕수궁에 이왕가미술관이 신설되면서 최근까지 덕수궁 안에 전시돼 있었다. 긴 세월이었다. 땅의역사

04 | 성리학 관료들은 왕실 사찰 봉은사를 헐어 없애려고 했다

선정릉 옆 봉은사에 남은 조선 불교 대참사 흔적

2022년 여름, 서울 삼성동 봉은사 부도밭 한컨에 큼직한 비석이 제막됐다. 비석 앞면 비표는 이렇다.

'護法聖師 大覺登階 白谷處能大禪師 碑銘·호법성사 대각등계 백곡처능대선사 비명'

비표는 당시 한국국학진흥원장 정종섭이, 뒷면 음기는 서예가 정도준이 썼다. 내용은 당시 조계종 총무원장 원행이 썼다. 앞면 글자들은 하나하나가 '최고 존엄'을 뜻한다. '호법'은 불법을 수호했다는 뜻이다. '성사'는 존경을 넘어 성스러운 스승이며 '대각등계'는 열반한 승려에게 올리는 최고 존호다.

그런데 백곡처능대선사는 누구인가. 그가 누구길래 '국학진흥원'이라는 대한민국 유학 진흥기관 수장이 비표를 썼을까.

백곡은 오로지 성리학을 앞세워 다른 이들 신념과 종교 말살을 기도한 조선 유생들에 맞서 불교를 지켜낸 사람이다. 불타 사라질 뻔했던 봉은사를 살

논리 싸움에서 승리해 봉은사를 지킨 백곡처능을 기리는 비석. 봉은사 부도밭에 서 있다. 앞면 글씨는 한국국학진흥원장 정종섭이 썼다.

중종 첫 왕비 신씨 단경왕후가 묻힌 온릉. 경기도 양주에 있다.

린 사람이다. 500년 동안 불교를 탄압한 조선 성리학 교조주의 세력과 이에
저항해 신념을 지켜낸 흔적이 바로 이 비석이다. 비석이 들려주는 광기 서린
독선과 이에 맞선 사람 이야기.

죽어서도 휘둘린 왕, 중종

폭군 연산군에게 배다른 동생이 있었는데 이름은 이역李懌이었다. '역懌'은
'기쁜 마음으로 복종하다'라는 뜻이다. 형이 왕이 되고 5년이 지난 1499년, 나
이 열한 살에 궁을 떠난 이역은 진성대군 군호를 받고 왕족으로 조용한 삶을
살았다.

그러다 7년 뒤 느닷없이 왕이 된다. 1506년 9월 2일 자정 무렵 느닷없이 죽동 집으로 들이닥친 반정 세력에 의해 진성대군은 왕으로 추대되고 연산군은 타도됐다. 이복형이 자기를 죽이러 왔다고 생각한 동생이 자결하려고 하자 아내 신씨가 이리 말했다.

"말 머리가 집을 향하지 않고 밖을 향해 있으면 반드시 공자公子를 호위하려는 뜻이니 알고 난 뒤에 죽어도 늦지 않으리."

부부가 사람을 시켜 바깥을 보니 과연 말 머리가 밖을 향해 있었다.[67] 자살을 막아주고, 왕이 되도록 이끈 이 슬기로운 아내 신씨는 반정 세력이 철퇴로 죽인 연산군 측근 신수근의 딸이었다. 후환이 두려웠던 반정 세력은 일주일 뒤 중종과 왕비 이혼을 요구했다. 새 왕은 "조강지처인데…" 하고 잠시 머뭇댔지만 이들 제안에 그 자리에서 군말 없이 이혼했다.[68]

38년 재위 기간 전부는 아니었지만, 중종은 자기를 왕으로 만들어준 사림 세력에게 끌려다녔다. 반정 세력에게 끌려다녔고, 이들을 견제하기 위해 본인이 중용한 과격파 조광조에게도 끌려다녔다.

죽어서도 편히 쉬지 못했다. 왕비 신씨와 이혼한 뒤 반정 가문 윤씨와 재혼한 뒤 윤씨 장경왕후가 죽고 또 다른 윤씨와 결혼했다. 이 윤씨가 문정왕후다. 중종은 장경왕후가 묻힌 경기도 서삼릉 희릉禧陵 옆에 묻혔다. 옛 아내 옆에 묻힌 남편을 세 번째 왕비 문정왕후가 가만두지 않았다.

중종의 천릉과 봉은사 비극의 시작

요절한 인종에 이어 왕위에 오른 명종은 독실한 불교 신도였다. 어머니 문정왕후도 그랬다. 두 가지 큰 사건이 벌어졌다.

성종 부부가 묻힌 선릉과 중종이 묻힌 정릉을 합쳐서 선정릉이라고 한다. 사진은 정릉이다. 봉은사(奉恩寺)는 성종릉인 선릉을 수호하는 사찰이었다. 조선팔도 유생들은 선종 사찰인 봉은사, 교종 사찰인 봉선사를 없애자고 주장했다.

명종 5년인 1550년 당시 열여섯 살이던 명종 뒤에서 섭정 중이던 문정왕후는 "무자격 승려들이 많아서 군역이 모자란다"며 선종과 교종 불교 부활을 선언했다. 징집을 피해 절로 도망친 사람들이 너무 많아서 군인이 모자란다는 뜻이었다. 그래서 승려 자격제를 실시해 무자격자는 징집 리스트에 올리겠다는 명이었다.

중종 때 중앙정계에 진출한 사림 세력은 불교를 노골적으로 탄압하던 중이었다. 이들은 힘없는 중종을 채근해 『경국대전』에서 승려 자격을 뜻하는 '도

承度僧' 규정을 삭제했었다.[69] 서울 서대문 부근에 있다가 현 탑골공원으로 이전했던 선종과 교종 본산 흥덕사(원각사로 개칭)와 흥천사(현 덕수궁 자리)는 각각 연산군과 중종 때 유생들에 의해 사라진 터였다. 불교도 문정왕후는 군역 보충을 명분으로 봉은사와 광릉 봉선사를 선종과 교종 본산으로 지정하고 승려 제도를 부활시켰다.[70] 봉은사는 성종릉인 선릉 원찰이었고 봉선사는 세조 부부가 묻힌 광릉 원찰이었다. 그리고 과거시험에서 승과僧科 또한 부활시켜 불교를 법 제도 안으로 끌어들였다.

그리고 12년 뒤인 1562년 문정왕후는 봉은사를 현재 위치로 이건시키고 첫 계비 장경왕후와 함께 묻혀 있던 남편 중종을 봉은사 터로 천장했다. 봉은사는 이제 성종과 중종을 함께 수호하는 왕실사찰로 신분이 수직 상승했다.

반反불교 성리학자인 듯한 실록 사관은 이렇게 평했다. '장경왕후와 같은 경내에서 중종 무덤을 함께하지 않으려고 한 것이다. (이를 주도한 자들은) 중들을 애틋하게 여기는 자전慈殿을 기쁘게 하기를 힘쓰니 사람들이 모두 더럽게 여겼다(人皆醜之·인개추지).'[71] 사관이 더럽게 여겼다고 한 대상은 실제는 자전 본인과 그 자전이 애틋하게 여기는 그 중들이 아니었겠는가.

불교를 향한 치졸한 상소들

왜 제목이 '치졸한'인지, 『중종실록』과 『명종실록』 기록만 본다.

'석가의 도가 우리의 도를 압승할 조짐이다. 신들 모두 울분이 북받쳐 음식이 목에 넘어가지 않을 지경이다. 반드시 봉은사와 봉선사부터 헐어버리고 서적도 태워야 한다.'[72]

'중들의 뿌리는 봉선사와 봉은사다. 뿌리를 근절시킨다면 간사하고 더러운 무리들이 다시는 요사를 부릴 수 없게 되리라.'[73]

'봉은사와 봉선사를 없애라는 상소를 중종이 거부하자 유생들이 성균관을 비워버렸다.'[74]

'『경국대전』에 유생이 절에 못 가도록 규정돼 있지만 사대부치고 절에서 책안 읽는 사람 없다. 벌하지 말라.'[75]

'불경은 이단의 뿌리이고 유생들은 오도가 깃들어 있는 존재다. 황언징이

봉은사에서 불경을 훔쳐왔지만 황언징은 엄연한 선비다. 절도를 고발한 요사스런 중 목을 베라.'[76]

법 규정이 뭐가 됐든 승려는 법이 보호할 필요가 없고 사찰은 이단의 통로이므로 유생들 독서실로 사용하다가 없애버려야 한다는 일관된 적의敵意가 실록 곳곳에 무수히 발견된다. 오직 성리학만이 유일무이한 진리와 정의였다. 유생들은 이를 '오도吾道', 곧 '나의 법'이라고 불렀다.

초강력 불교 탄압과 백곡처능

1637년 병자호란 후 강력한 교조집단인 서인이 권력을 잡았다. 효종에 이어 현종은 즉위 1년 뒤인 1660년 왕실에 속한 절 원당願堂들을 철폐해 버렸다.[77] 이는 예전에 송시열이 제안했다가 유야무야됐던 사안이었다. 그해 12월 19일 조선팔도 승려들을 전원 환속시켰고, 이듬해 정월 비구니 사찰인 인수원과 자수원을 철거하고 소속 비구니들은 강제 환속시켰다.[78] 철거된 절 건물은 분해돼 성균관 학사 건물과 병자 요양원 공사 따위에 투입됐다.[79] 바야흐로 성리학을 제외한 철학과 학문과 신앙은 물리적으로 말살의 길을 걷고 있었다.

그리고 타깃은 선교 양종 본산인 봉은사와 봉선사였다.

그때 백곡처능이 현종에게 상소를 올렸다. 제목은 '간폐석교소諫廢釋敎疏', '석가의 가르침을 없애는 데 대해 간함'이다.

'첫째, 석가가 오랑캐라서 탄압하는가. 그렇다면 순임금은 동쪽 오랑캐요

문왕은 서쪽 오랑캐다. 둘째, 왜 개국 때부터 받들어온 원당을 없애는가. 셋째, 살상을 하기로는 폭군 걸만 하겠으며 권세를 탐하기로는 진시황만 하겠는가. 불교는 그런 일 않는다. (중략) 인도의 법이라 탄압하는가. 그렇다면 공자는 노나라 바깥을 나가지 못했을 것이고 맹자는 추나라에서만 간직됐을 것이다. 세상은 비와 이슬을 같이 받아야 한다.'[80]

논리 없이 뒤죽박죽 주장만 있는 교조주의자들은 성리학 경전을 두루 인용한 이 상소에 입을 다물었고 봉선사와 봉은사는 철폐를 면했다. 눈물과 감성이 아니라 논리와 실증으로 세계관과 종교의 공존을 역설한 백곡처능의 승리였다.

그렇다고 불교 탄압사는 끝나지 않았다. 관행처럼 남아 있던 불교 탄압 습속 속에서 법외 인간으로 추락한 승려들은 1895년 갑오개혁 와중에 "외국 승려처럼 조선 승려도 한성에 출입할 수 있게 해달라"는 일본 승려 사노 젠레이의 청원이 있을 때까지 조선 수도 한성에 출입조차 할 수 없었다.[81]

그리고 또 100년이 훨씬 더 지난 여름날, 간신히 소멸을 면한 봉은사에 백곡처능의 비석이 선 것이다. 불교의 승리가 아니라 학문의 자유, 신앙의 자유와 철학의 자유가 지켜진 연유를 그제서야 흔적으로 남긴 것이다. 대한민국 큰 스님이 그 비문을 지었고 대한민국 국학 진흥 수장이 그 글씨를 썼다. 땅의역사

봉은사 판전. 현판은 명필가 김정희가 죽기 사흘 전에 쓴 글씨다. 이 현판은 복제본이고 원본은 수장고에 있다.

05 | 단종 복위 운동 벌어진
순흥 죽계천에는 핏물이 흘렀다

영주 순흥 금성대군 신단과 피끝마을

경북 영주시 순흥면에는 세종 여섯째 아들 금성대군 이유(李瑜)를 기리는 제단이 있다. 금성대군 신단이라고 한다. 이유는 1457년 형 수양대군이 벌인 쿠데타 계유정난(1453)에 반대해 단종 복위를 기획하다가 탄로 나 사약을 받았다. 이 사건으로 순흥부사를 포함한 순흥 일대 반계유정난 세력이 떼죽음을 당했다. 죽계천을 따라 죽은 자들 피가 15리를 갔는데, 그곳에 있던 마을을 '피끝마을'이라고 부른다.

임금이 된 조카와 권력자 삼촌 수양

　문종이 죽고 왕이 된 어린 단종이 종친을 불러 모았다. 즉위하고 다섯 달이 지난 1452년 음력 윤9월 2일이다. 할아버지 효령대군은 물론 수양대군 이유 이하 모든 삼촌들이 집합했다. 모인 삼촌은 모두 15명이었다. 수양 아래 동생 안평대군 이용은 불참했다. 단종은 삼촌들에게 표범가죽 방석 아닷개(豹皮阿多叱介·표피아닷개)를 일일이 선물했다. 이제는 조카로 하대하지 못하게 된 왕을 알현한 뒤 삼촌 수양이 이리 말했다. "내 오늘 한 말씀 아뢰고자 했으나 성상께서 말을 하지 않으셔서 감히 못하였다. 훗날 반드시 아뢰겠다."[82]

　이들 조카와 삼촌들은 이미 할아버지 세종 생전에 모인 적이 있었다. 1442년 세종이 팔도에 흩어져 있던 자기 아들들 태실胎室을 경상도 성주에 모아 집단 태실을 만들었다. 맏아들 문종을 제외한 둘째 수양부터 손자 단종까지 직계 왕손 19명 태항아리를 모아서 성주 태봉에 묻었다. '세종대왕자태실'이라고 한다.

　그리고 10년 뒤 왕이 된 그 손자가 삼촌들을 궁궐로 부른 것이다. 회합에 불참했던 안평대군은 이듬해 10월 18일 역모 혐의를 받고 사약을 먹고 죽었다. 사약을 내리라는 신하들 요청에 열두 살 먹은 조카 단종은 거듭 거부했다. 하지만 이미 8일 전 삼촌 수양이 주도해 권력을 잡은 계유정난 쿠데타 세력 기세는 꺾지 못했다. 수양은 안평대군 형이었다. 이틀 전 "가까운 친척(至親·지친)에게 사약을 내려 죽일 수 없다"고 울면서 반대했던 형이며 삼촌이었다. 그런데 이날은 "개인적으로는 죽일 수 없지만 공론을 저지하지는 않겠다"며 점잖게 사약을 방조했다.[83]

　이후 쿠데타 여진 속에 좁은 조선 땅이 몇 번씩 뒤집어졌다. 1455년 여름

수양이 조카를 끌어내리고 왕이 되었다. 바로 그날 동생 금성대군 이유^{李瑜}는 경기도 삭녕(현 연천~철원 일대)으로 유배당했다. 시작이었다.[84]

수양의 권력 찬탈, 금성의 유배

안평대군에게 씐 혐의는 역모였다. 단종을 끄집어내리고 본인이 왕이 될 계획을 세웠다는 혐의였다. 훗날 사육신으로 추앙받는 집현전 소장 학자들도 안평대군 처리에 관해서는 수양대군과 같은 편이었다.

그런데 역적을 처단했다는 그 수양대군이 조카 단종을 몰아내고 스스로 왕이 되려 하지 않는가. 집현전은 물론 곳곳에서 반反수양대군파가 은밀히, 속속 세를 규합해 나갔다. 그 핵심에 금성대군이 있었다.

단종 등극 3년째인 1455년 금성대군 집에서 몇몇 인사가 활쏘기를 하면서 잔치를 벌였다는 제보가 입수됐다. '세력을 규합하고 있는 자들을 처리해 달라'는 수양대군과 관료들 요구에 단종은 '그대로 따랐다(從之·종지)'.[85] 금성대군은 관직을 내놓고 유배당했다. 며칠 뒤 누명은 풀리고 금성대군은 관직을 돌려받았다. 그러나 또 며칠 뒤 쿠데타 세력은 금성대군이 세력을 모으고 있다는 첩보를 입수했다.[86] 넉 달 뒤 어전회의에서 수양대군이 이렇게 선언했다. "금성대군과 한남군, 영풍군 따위를 유배 보내야 한다."

셋은 모두 자기 아우들이다. 이 꼴을 보고 있던 조카 단종이 이렇게 선언했다.

"내가 나이가 어리니 간사한 무리들이 발동하는구나. 이제 대임을 영의정에게 전한다."

'대임大任'은 왕위다. 그리고 어전회의에 참석해 있는 삼촌 수양대군이 바로

영주 동촌1리 '피끝마을' 안내문

그 '영의정'이다. 눈물을 흘리며 만류하는 삼촌을 물리치고 단종은 마침 와 있던 명나라 사신에게 이를 전격 통보했다. 수양이 그날로 왕이 되었다. 삭령에 유배됐던 금성대군은 이듬해 한성에서 떨어진 순흥으로 재유배됐다.[87] 순식간에 권력축이 이동했다. 피바람이 불기 시작했다.

모반, 그리고 피바다

1456년 반수양대군으로 돌아선 집현전 학자들이 쿠데타를 기도하다가 발각됐다. 거사에 동참하기로 했던 김질이 고자질해서 실패로 돌아간 일이었다. 금성대군은 한성에서 떨어진 순흥으로 재유배됐다.[88] 사육신 사건은 엄청난 피바람 속에 마무리됐다.

1년 뒤 이동李同이라는 안동 관노가 한성까지 올라와 이렇게 밀고했다. "금성대군이 순흥에서 몰래 군소배와 결탁해 불의한 짓을 도모한다."[89] 금성대군 이유가 유배지 순흥 유생들과 함께 격문을 돌리고 거병해 다시 조카 복위를 모의 중이라는 것이다. 순흥부사 이보흠도 정식으로 금성대군 모반을 보고했다.

다시 피바람이 불었다. 알고 보니 순흥부사 이보흠 또한 가담한 대규모 역모였다. 그해 10월 종친부와 의정부, 육조 판서들과 공신 담당 기관인 충훈부忠勳府가 집합한 합동수사본부에 세조가 물었다.

"누가 괴수인가."

"예전이라면 노산군(단종)인데, 지금은 금성대군 이유입니다. 청컨대 속히 법대로 죽이소서."[90]

금성대군은 사약을 받고 죽었다. 실록에 따르면 영월에 유배됐던 단종은

사약을 받으면서 금성대군이 죽었다는 말을 듣고 스스로 목매 자살했다.[91]

순흥 복위 운동은 이보다 석 달 전인 1457년 7월 일찌감치 제압됐다. 7월 16일 모반 진압명을 내리면서 세조는 대사헌 김순을 순흥으로 내려보냈다. 명분은 "큰 옥사를 멀리서 지시할 수 없다"였다.

그런데 이미 세조는 7월 10일 '(금성대군을) 칼을 채워 설득하다가 안동으로 옮겨서 계속 수사하라'고 김순에게 지시해 놓은 터였다.[92] 열흘 뒤 실록에는 '대사헌 김순이 금성대군 옥사를 처리하고 안동에서 돌아왔다'라고 짧막하게 기록돼 있다. 순흥 안씨가 대거 포함된 '역적'들은 능지처사형을 받고 처참하게 죽었다.[93] 금성대군은 안동 감옥에서 사약을 받았다.

그런데 순흥에서는 그 한 달 남짓한 수사 과정을 '참극'으로 기억한다. 1822년 이황 후손 이야순이 쓴 『태평서당기』에 따르면 '사람들이 순흥 일대 65가구 혼령을 위로해 제사를 지냈다'.[94] 그러니까 수백 명이 수사 과정에서 실록이 기록하지 않은 고문과 비공식적 처형을 당했다는 것이다.[95] 결국 공식 사료에는 은폐됐거나 기록되지 않은 참극이 모반의 땅 순흥에서 벌어졌다는 뜻이고, 순흥 사람들은 이를 '정축지변丁丑之變'이라고 부른다.

핏물이 멈춘 피끝마을

그 참극을 상징하는 곳이 있다. 죽계천이다. 금성대군이 유배됐던 순흥에 흐르는 개울이다. 정축년 수사 과정에서 최소 65가구, 수백 명이 흘린 피가 죽계천을 따라 10리 넘게 흘렀다고 했다. 핏물이 정화되고 다시 개울물이 맑게 변한 지점에 있는 우음리雨陰里 마을은 이후 지금까지 '피끝마을'이라고 불린다. 핏물이 멈춘 마을이라는 뜻이다.

피끝마을 뒷산에 있는 성황당. 금성대군 혼령을 위로하기 위해 1711년 고씨 성을 가진 무당이 만든 성황당이다. 지금도 당제를 지낸다.

마을 전설에 따르면 1711년 피끝마을 뒷산 미궐봉에 고씨 성을 가진 무녀
巫女가 성황당을 짓고 당제를 올렸다. 정축지변 때 희생된 사람들 혼을 달래는
제사다. 마을 사람들은 지금도 성황당에 당제를 지낸다.

피끝마을 남쪽에 합도마을이 있다. '조개 합蛤' 자를 쓴다. 산등성이에 있는
마을 형세가 조개처럼 보인다. 이곳 또한 계유정난에 즈음해 뜻있는 사람들
이 낙향한 마을이다. 그런데 도로 건너 논 한가운데 소나무 한 그루 서 있는
작은 둔덕이 있다. 사람들은 이 둔덕을 '조개섬'이라고 부른다. '조것도 섬이냐'
하는 '조게 섬'의 변형이다.

권력자의 뒤끝

1458년 예조에서 세조에게 이렇게 보고했다. "성주에 있는 태봉에 주상과
여타 동생, 특히 난신亂臣 이유 태실이 섞여 있으니 이들을 옮기고 이유와 노산
군 태실은 철거하게 하소서."[96] 세조는 즉시 보고에 응했다.

그리하여 금성대군 태항아리는 파괴돼 사라지고, 단종 태항아리는 텅 비게
되었다. 일찌감치 제거됐던 안평대군 태항아리, 금성대군 편을 들었던 화의
군, 한남군, 영풍군 태항아리 또한 사라졌다.

그리고 4년 뒤 다시 예조에서 "주상 태실을 다른 장소로 옮기게 하소서"라
고 권했다. 세조는 "형제가 태를 같이하였다"며 반대했다. 예조는 이에 따라
태실 앞에 귀부를 세우고 비석에 이렇게 새겨넣었다. '겸손하여 윤허하지 않으
시니 검소한 덕이 더욱 빛나네.'[97]

수사가 마무리된 직후 순흥은 도호부 이름을 빼앗기고 풍기군 밑으로 들
어갔다. 창고와 관사는 파괴됐다.[98] 숙종 때 순흥부가 다시 설치됐지만[99] 한

번 상실한 기세는 회복하지 못했다. 지금도 순흥은 영주시 순흥면이다.

금성대군이 복위를 기도했던 조카 노산군 단종은 숙종 때인 1698년 복권됐다. 역시 숙종 때인 1719년 이기륭이라는 순흥 사람이 금성대군이 유배됐던 자리를 찾아 제단을 쌓고 금성단이라고 이름을 붙였다. 함께 처형된 순흥부사 이보흠과 무명씨 가담자들의 제단도 함께 마련됐다.[100] 영조 때인 1738년 청주에 살던 10대손 이진수가 정부에 청원해 금성대군 신원이 복권됐다.[101] 1739년 금성대군에게 정민貞愍이라는 시호가 추증됐다. 1742년 금성대군이 유배됐던 그 자리에 제단이 정식으로 설치되고 비석이 건립됐다. 그게 지금 있는 금성대군 신단이다. 담대했고, 허망했고, 살벌했던 15세기 풍경이었다. 땅의역사

경북 성주에 있는 세종대왕자태실. 세종 직계 왕자와 단종 태항아리를 모은 곳이다. 계유정난 후 쿠데타 세력은 이곳
에 있던 반쿠데타 왕족 태실을 파괴했다. 가운데 기단만 남은 태실이 금성대군 이유 태실이다.

06 | "한강 남쪽 땅을 모두 줄 테니 나를 살려달라"

조선 대표 건달 권력자, 선조 아들 임해군

남양주에 있는 임해군 묘. 후손이 묘를 정비해 놓았다.

조롱당한 선조와 그 아들

임진왜란 소강상태가 지지부진하게 이어지고 정유재란이 임박한 1597년 가을이었다. 한성 서대문에 있는 모화관에서 명나라 총사령관 양호가 행선지를 밝히지 않고 남대문을 나가버렸다. 목적지는 지금 국립중앙박물관이 있는 서울 동작진 포구였다. 만류하는 사람들을 뿌리치고 말을 몬 양호가 동작진에 도착했다.

양호를 붙잡으라는 신하들 성화에 선조는 가마를 타고 서둘러 남대문을 나섰다. 급한 걸음으로 성문을 나서는 왕을 보면서 길 위에 한성 주민들이 몰려나와 통곡했다. 전쟁이 터지자마자 "명나라로 달아나겠다"며 북쪽으로 도주했던 왕이었던지라 이번에도 또 백성을 버리고 도망칠까 두려웠던 것이다. 순진한 백성은 "중국 장수를 따라 강가까지 갔다 온다"는 선조 말에 서로 조아리며 감격하여 울지 않은 사람이 없었다. 신뢰를 잃은 지도자는 그렇게 초라했지만, 순진한 백성이 기댈 언덕은 그 지도자밖에 없었다.[102]

둔지산(현 대통령 집무실 북쪽)을 넘어 동작진에서 선조가 양호를 만났다. 양호는 강 건너 대기 중인 1,000여 명군 기마부대를 지휘해 대규모 군사 훈련을 선보였다. 이 명나라 사령관이 조선 국왕을 책망했다.

"왜 이렇게 활 잘 쏘는 조선이 한 방에 일본에 무너졌는가."

선조는 "천군天軍 위력이면 왜적쯤이야 군이 평정할 것도 없겠다"고 공치사를 하며 겨우겨우 양호를 한성으로 복귀시켰다.

그런데 뒤쪽에서 누군가가 말 한 마리를 거칠게 몰고 달려와 선조와 얘기를 나누는 양호를 가로막았다. 왕과 명나라 장수 대화를 끊어버린 이 용감무쌍한 사내는 선조 맏아들 임해군이다. 연산군과 함께 조선을 대표하는 건달 권력, 그래서 조선 백성이 붙잡아 일본군에 넘겨줘 버린 폭력의 상징, 임해군 이야기.

건달로 자라난 왕자들

1583년 가을날 왕자를 가르치는 사부 하낙河洛이 사표를 내며 이리 말했다.

"임해군臨海君이 역사서 공부를 거의 마쳐가는데도 아직 그 줄거리(강령綱領)조차 알지 못합니다. 제 죄이옵니다."[103]

열한 살짜리 다 큰 사내아이가 글 읽을 줄을 모른다는 말이었다.

『선조수정실록』에 따르면 임해군은 성질이 거칠고 게을러 학문에 힘을 쓰지 않고 종들이 제 마음대로 하도록 놔두어 폐단을 더욱 심하게 일으키곤 했다. 반면 동생 광해는 행동이 조심스럽고 학문에 부지런해 백성들이 마음으로 따랐다.[104] 『선조수정실록』은 인조 때 반反광해파인 서인이 편집한 책이다. 그 책에서 광해를 좋게 평가했으니, 광해군과 임해군에 대한 이 평가는 객관적이라고 봐도 무방하다.

1589년 선조 슬하 왕자들이 결혼을 하고 궁 밖에 집을 짓는데 저마다 남의 논밭을 빼앗아 땅을 넓혔다. 임해군뿐만 아니라 여러 왕자들이 땅을 빼앗았고 뇌물을 대놓고 받았는데, 임해군은 연장자로서 가장 횡포해 조야가 근심스럽게 여겼다.[105]

여러 왕자 가운데 여섯째 순화군도 마찬가지였다. 순화군은 '임해군이나 정원군 행패보다는 덜했다 하더라도 도성 백성이 그를 호환虎患 피하듯 하였다.'[106] 여기 나오는 '정원군'은 훗날 인조가 된 능양군 이종李倧의 아버지며 선조의 다섯째 아들이다. 이 세 왕자는 실록 도처에 백성을 괴롭히고 사욕을 취한 대표적인 건달 권력자로 묘사돼 있다.

백성이 일본군에 넘긴 건달 왕자들

정부 내에서는 근심거리요 백성에게는 두려움과 공포였던 장남 임해군은 결국 세자가 되지 못했다. 1592년 4월 28일, 전쟁 개전 직후 선조는 맏아들 대신 둘째 광해군을 세자로 선택했다. 그리고 임해군과 순화군에게 전국 각지로 가서 근왕병을 모집하라고 명했다. 세자 광해군은 국정을 대리하라고 명했다.[107] 본인은 명나라를 목표로 의주를 향해 떠났다.

근왕병 모집을 위해 함경도로 떠난 임해군과 순화군은 '좋은 말이나 보화를 보면 반드시 이를 빼앗았고' '적이 바로 보이는데도 백성을 흩어지게 할 생각밖에 없었다.'[108] 또 '사나운 종들을 부려서 민간을 노략하고 어지럽히는가 하면' '수령들을 몹시 핍박해 인심을 크게 잃었다.'[109] 전시戰時에도 아랑곳 않는 만행 행각 속에 두 왕자가 회령에 도착했다. 기다리고 있던 회령 사람들은 이들을 밧줄로 꽁꽁 묶은 뒤 성문을 열고 일본군에게 넘겨줘 버렸다.[110]

반란을 주도한 회령 아전 국경인과 그 무리는 두 왕자를 객사 방안에 꽁꽁 묶어서 물건처럼 차곡차곡 쌓아놓았다. 혼자 말을 타고 입성해 이를 본 가토 기요마사가 "이들은 너희 국왕 친자식인데 어찌 이렇게까지 곤욕을 가하는가?"라고 놀랄 정도였다.[111]

기이한 북관대첩

석 달 뒤 함경도 북평사 정문부가 의병을 모집해 일본군과 반란군을 제압

임해군을 일본군에 넘긴 국경인(鞠景仁) 반란 토벌과 기요마사 부대 퇴치를
기록한 '북관대첩비' 복제본. 경기도 의정부 정문부 묘에 있다. 실물은 일본 야
스쿠니 신사에 있다가 반환 받고 원위치인 북한에 돌려줬다. 북관대첩을 지휘
한 정문부는 인조 때 모함으로 고문사했다.

했다. 두 왕자 구출은 실패했지만 함경도를 회복한 이 전투를 '북관대첩'이라고 한다. 숙종 때인 1709년 조선 정부는 이를 기념하는 '북관대첩비'를 함경도 길주에 세웠다. 비석은 1905년 러일전쟁 때 일본군이 도쿄 야스쿠니신사로 가져갔다가 2005년 반환됐다. 실물은 원위치인 함북 김책시(옛 길주)로 돌려줬다. 대한민국 경기도 의정부 정문부 묘와 서울 경복궁에는 복제비가 서 있다. 전투를 이끈 정문부는 인조 때인 1624년 역모 혐의로 고문받다가 시종 "원통하다"고 하며 죽었다.[112]

"삼남을 주고 나를 살려라"

여러 경로를 통해 조선에 전달된 강화 협상 조건은 대체로 '대동강을 경계로 명明과 일본의 조선 분할 통치'였다. 1945년 광복 후 벌어졌던 분단이 400년 전에 일찌감치 벌어질 뻔한 것이다. 일본군 수중에 억류돼 있던 임해군과 순화군은 종전 무렵까지 전쟁 수행에 큰 장애가 됐다.

협상을 담당한 사람은 명에서 파견된 심유경이었다. 3월 15일 심유경이 고니시 부대가 주둔한 한성 용산(현 서울 원효로 부근)에서 회담을 가졌다. 심유경은 선상船上에서 뭍에 있는 고니시와 담판을 벌인 뒤 조선군 사령관 김명원에게 편지를 보냈다.

"임해군이 사람을 시켜 이렇게 전했다. '우리를 돌아가게 해준다면 한강 남쪽 땅은 어디든 가리지 않고 일본에 다 줄 것이다(倘得歸國 漢江以南 不拘何地 任意與之·당득귀국 한강이남 불구하지 임의여지).'"[113] 영토와 거기 사는 백성을 넘겨서라도 자기를 살려내라는 것이다.

심유경은 명-일본 사이에서 문서를 조작해 가며 협상을 이끌던 모사꾼이었으니, 이 말의 신빙성은 문제가 있다. 하지만 바로 며칠 전 임해군은 함경도 안변에서 "지금 휴전이 안 이루어지면 우리는 바다 건너 일본으로 가게 되니 여비를 마련해 달라"고 해 돈을 받아낸 인물이다.[114] 그러니 땅과 자기 목숨을 바꿔달라는 말은 사실일 가능성이 크다.

전후 막장으로 치달은 악행

전쟁이 끝났다. 정유재란이 터지기 전 가까스로 풀려나 목숨을 건진 임해군은 그 행태가 막장으로 치달았다. 1600년 임해군은 인질 억류 시절 자기를 도와줬던 홍산군 이득의 노비 4명을 강탈해 갔다. 1603년에는 특진관 유희서의 첩과 간통한 뒤 유희서를 청부 살해했다. 이듬해 수사 결과 임해군이 진범으로 밝혀지자 선조는 수사반장인 포도대장 변양걸을 고문하라 명했다.[115]

끝이 없었다. 남의 남편을 죽이고 하인을 시켜 그 아내를 끌고 온 뒤 그 하인에게 짝을 지어 입을 틀어막고[116] 민가에 들어가 사람을 구타한 뒤 노비를 빼앗는가 하면 기생을 몇 년씩 불법으로 데리고 살며 사람 죽이기를 초개草芥 (지푸라기)와 같이 하였다.[117] 동생 순화군은 의인왕후 상중에 빈전 뒤에서 궁녀를 강간하고[118] 술을 가지고 온 아낙을 옷을 벗겨 구타하고 눈먼 여자 생니를 뽑고 장돌시張石乙屎라는 군인 생니 9개를 쇠망치로 부수는 변태 행각을 벌였다.[119]

두 아들을 비호하던 선조도 더 이상 버티지 못했다. 선조는 결국 순화군의 군호를 삭제하고 유배 보내는 데 동의했다. 순화군은 1607년 3월 18일 유배지 수원에서 죽었다. 아비 선조가 죽자마자 임해군은 동생 광해군 정권에 의해 역모 혐의를 쓰고 1608년 전남 진도를 거쳐 강화도 교동으로 유배됐다가

경기도 남양주에는 조선 14대 국왕 선조의 맏아들 임해군 무덤이 있다. 혼이 저승으로 무사히 가도록 인도해 주는 장명등은 무덤 아래 지붕과 몸체가 떨어져 나간 채 팽개쳐져 있다. 임해군은 막내 순화군과 함께 백성에게 악명을 떨친 건달이었다.

살해됐다. 유배소를 지키는 군관 이정표가 윽박질러 독을 먹게 했으나 거부하다가 목이 졸려 죽었다.[120]

건달에 걸맞은 무덤 풍경

경기도 남양주에는 그 임해군 무덤이 있다. 자식 없이 죽은 탓에 입적시켜 준 양자 후손들이 무덤에 비석을 세워놓았다. 하지만 혼이 저승으로 무사히 가도록 인도해 주는 '장명등'은 무덤 아래 지붕과 몸체가 떨어져 나간 채 팽개쳐져 있다. 420년 전 실록 사관은 이렇게 평했다.

"백성에 의해 포박돼 적에게 보내졌으니 극도로 사무친 원망이 아니면 어찌 이렇게 하였겠는가."[121] 땅의역사

07 | 성리학 국가 조선의 성균관 대사성
평균 임기는 석 달이었다

조선 최고 국립학교장 성균관 대사성

소년 대사성 민영익

고종 왕비 민씨의 조카 민영익은 성균관 학생이던 1877년 3월 5일 춘계 시험인 삼일제三日製를 무사히 치렀다. 경복궁 근정전에서 열린 이 시험에서 고모부인 고종은 민영익을 직부전시直赴殿試하고 이 사실을 그 조상인 민유중과 할아버지인 민치록과 아버지 민승호 사당에 제사해 알리라고 명했다.[122] '직부전시'는 중간시험을 다 생략하고 곧바로 마지막 시험인 전시殿試로 통과시키는 명이다. 그리고 1년 5개월이 지난 1878년 8월 11일 민영익은 성균관 대사성大司成이 되었다. 교장이요, 국립대학교 총장이다. 그때 나이는 만 18세. 소년등과에 이어 소년 대사성이 탄생한 것이다.

518년 동안 대사성 2,101명

대사성은 성균관을 책임지는 기관장이요 지금으로 치면 국립대 총장이다.

서울 종로구 성균관에는 은행나무 두 그루가 거대하게 서 있다. 그 앞에 성균관 강의 공간인 명륜당(明倫堂)이 있다. 성리학 국가인 조선왕국 최고 교육기관인 이 성균관 관장 대사성(大司成)은 왕조 518년 동안 자그마치 2,101명이었다. 평균 재임 기간은 3개월.

품계는 정3품으로 여섯 판서보다 낮지만 성리학 교육 수장으로서 명예로운 직책이었다. 1392년 조선왕조가 건국된 이래 1910년 이 나라가 멸망할 때까지 518년 동안 이 명예와 책임을 입은 대사성은 몇이나 될까.

'2,101명'이다. 이백 명이 아니다. 이천백한 명이다. 평균 재임 기간은 '3개월'이다. 3년이 아니라 석 달이다. 세종 때 최고 27.9개월이었던 대사성 재임 기간은 갈수록 줄어들어서 '학문을 사랑한 군주' 정조 때는 1.2개월로 급감했다. 고종 때는 1.3개월이었다.

성리학을 이념으로 한 조선왕국에서 성균관은 국가가 설립한 최고 성리학

교육 및 인력 충원 기관이었다. 그런데 어떻게 이런 숫자가 나오는 것인가. 성리학을 위해 명예와 책임을 과연 다할 수 있었는지 한번 알아보자. 이 글에 나오는 숫자들은 『성균관대학교 육백년사·人』(성균관대학교, 1998)의 '역대 대사성 및 성균관장 명단'을 근거로 분석했다.

1395년 조선, 성균관을 만들다

1392년 조선을 건국한 태조 이성계는 한성 천도 이듬해인 1395년 성리학 교육기관인 성균관 공사를 시작했다. 3년 뒤 완공된 성균관은 자타가 공인하는 조선 최고의 교육기관이었다. 조선을 함께 설계한 정도전은 그 설계도인 '조선경국전'에 이렇게 적어놓았다.

'학교는 교화의 근본이다. 여기에서 인륜을 밝히고 여기에서 인재를 양성한다(明人倫 成人才·명인륜 성인재).'[123]

성균관에는 공자를 위시한 역대 중국 성인을 모신 대성전과 학생들을 가르치는 명륜당이 설치됐다. 현재 명륜당에 걸려 있는 '明倫堂·명륜당' 현판은 1606년 선조 때 파견된 명나라 사신 주지번朱之蕃이 썼다. 실내에 걸린 또 다른 '明倫堂' 현판은 성리학 창시자 주희朱熹 글씨를 모아 만들었다. 하나부터 열까지 명륜당 교육 과목은 일관되게 성리학이었다.

한성 천도 전인 1392년 첫 성균관 대사성에 임명된 사람은 유경劉敬이다. 1392년 8월 20일에 임명돼 1395년까지 3년 동안 성균관 기틀을 닦았다. 유경은 고려 성균관에서 제사를 담당하는 좨주祭酒(관직명일 때는 '제주'가 아니라 '좨주'로 읽는다)로 일했다. 조선 성균관은 고려 학제를 이어받은 학교였다.

성균관 명륜당 입구에 걸려 있는 '한인물입(閒人勿入)' 팻말. '잡인 출입금지'라는 뜻이다.

학문의 최고 수장, 대사성

성균관은 성리학을 교육받은 학생들이 과거를 통해 공무원으로 진출하도록 하는 인력 양성 기관이었다. 그 수장인 대사성大司成은 법적으로 '유학儒學의 교육에 관한 일을 관장하도록' 규정됐다. 법정 임기는 없었고 법적으로 다른 직책과 겸직을 할 수 없었다.[124] 대사성을 임명하는 기준은 대체로 '경학에 정통하고' '어질고 덕이 있으며' '나이가 많고 경험이 많은' 학문과 인격과 연령이 고려됐다.[125] 천거를 받고도 학문이 부족하고 덕망이 없다는 이유로 탈락한 사람도 많았다.

하지만 일단 임명되면 대사성은 장기간 성균관을 책임졌다. 성리학 체계를 완성한 세종은 1418년 9월부터 1450년 3월까지 재임했는데, 윤달을 포함해 이 390개월 동안 대사성에 뽑힌 사람은 14명이다. 평균 재임 기간은 27.9개월이다. 쿠데타로 권력을 잡고 사육신이 속한 집현전을 폐지시켰던 세조 때 대사성 임기는 8.2개월로 급감했다. 하지만 그 손자 성종 때는 12.9개월로 회복됐다.

폭군 연산군 때도 143개월 동안 대사성은 8명으로 평균 17.9개월을 근무했다. 물론 성균관이 활쏘기 경연장과 기생파티장이 되었고[126], 대사성은 떨면서 이를 구경해야 했지만.

태조부터 연산군까지 1,425개월 동안 모두 96명이 대사성으로 근무했다. 평균 재직 기간은 14.8개월, 즉 1년 3개월이었다. 충분히 명예의 무게를 견디고 책임을 수행할 만한 기간이었다.

그런데 연산군을 몰아내고 왕이 된 중종 때 대사성 평균 재임 기간이 7.5개월로 급감한다. 중종 472개월 동안 대사성이 63명이나 바뀌었다는 뜻이다.

역대 성균관 대사성 평균 재임 기간
평균 3.1개월

27.9개월 (세종)

7.5개월 (중종)

1.2개월
(정조)

1.3개월
(고종)

태조 정종 태종 세종 문종 단종 세조 예종 성종 연산군 중종 인종 명종 선조 광해군 인조 효종 현종 숙종 경종 영조 정조 순조 헌종 철종 고종

건국 이후 꾸준히 감소하던 성균관 대사성 재임 기간은 정변으로 권력을 잡은 세조 때 급감한 뒤 회복됐지만 사림이 광해군을 몰아내고 왕으로 추대한 중종 이후 망국 때까지 계속 급감했다(순종 때는 성균관장 1명이 37개월 재임했으나 이 기간은 무의미하므로 그래프에서 생략했다).

연산군까지 평균 14.8개월이던 대사성 재임 기간은 중종 이후 순종 때까지 2.5개월로 추락했다. 중종~순종 4,987개월 동안 대사성 숫자는 무려 2,005명이었다.

도살장 혹은 공무원 입시 학원, 성균관

'하인들이 동서재東西齋 근처에서 항시 소를 도살하고 있었는데 이달 12일에 말가죽과 소뼈 등을 찾아내게 되었다고 했다. 학궁學宮(성균관)이 도살장이 됐으니 지극히 해괴하고 놀라운 일이다.'[127]

때는 폭군을 끌어내리고 왕족인 진성대군 이역李懌을 앞세워 권력을 차지한 사림士林시대, 중종 때였다. 중종은 반정 당일에도 자기가 왕이 될 줄은 꿈에도 몰랐다.[128] 왕위에 오른 뒤 실질적인 권력은 사림 반정 세력에게 있었다. 연산군 때 '도의道義'를 외치다 각종 사화로 절멸된 뒤 초야에 묻혀 있던 세력이다.

그 사림 눈에 정부가 주도하는 관학官學인 성균관은 가치가 없었다. 철학과 고담준론과 명분을 가르쳐야 할 성균관이 공무원 입시 학원과 같은 경서 암기 학교로 전락해 있다는 것이다. 실제로 성종 때는 성균관에 등교하는 학생이 없고 과거시험장에만 나타난다는 보고가 있기도 했다.[129]

무늬만 학교인 그 성균관이 연산군 때는 기생파티장으로 추락하더니 중종 때는 마침내 텅 빈 교정이 소를 잡아먹는 도살장으로 변해버렸다. 개국 초 조선왕조가 내놓은 야심작 성균관은 그렇게 조락했고, 사림은 이를 세력을 확대할 명분으로 삼았다. "성균관이 도살장으로 변했다"는 보고는 국가가 망쳐놓은 성리학 교육을 자기들이 하겠다는 암시였다.

1543년 사립학교 '서원(書院)' 탄생

도살장 보고 이듬해인 1543년 어느 날 경상도 풍기군수 주세붕이 순흥에 백운동서원을 세웠다. 남송 때 주희가 세운 백록동서원을 본뜬 조선 최초의 서원이다. 이로써 선비 교육 주체는 국가가 아니라 지역 사림으로 바뀌었다. 서원에서 유교 교육과 선현 제사 기능을 수행하기 시작했다. 정부는 주요 서원이 설립되면 왕이 이름을 내리는 '사액賜額'을 통해 권위를 씌워줬다. 부진 일로를 걷고 있던 관학을 복구하느니 서원을 독려하는 편이 훨씬 손쉬운 방법이었다.[130] 성균관 대사성이 수행하던 '명예와 책임'을 서원에서 집단으로 수행하게 된 것이다. 성균관 대사성은 그저 명예직 혹은 국왕 하사품 정도로 전락해 버렸다.

하루에 세 번 갈린 대사성

중종 때 7.5개월이던 대사성 임기는 선조 때 5.1개월로 줄었다. 사림 가운데 서인이 광해군을 몰아낸 반정으로 왕이 된 인조 때도 5.1개월이었다. 효종 때 서인 세력은 아예 대사성보다 권위에서 앞서는 '좨주祭酒'라는 직제를 만들어 서인만을 천거해 임용했다. 첫 번째 좨주는 서인 태두 송준길, 두 번째 좨주는 또 다른 태두 송시열이었다. 역대 좨주 24명 가운데 두 송씨와 그 후손은 모두 8명이었다.[131]

사림이 만들었던 서원은 당쟁 소굴이 됐다. 서원 철폐령이 수시로 떨어지더니 흥선대원군은 아예 400개가 넘는 서원을 40여 개로 정리해 버렸다. 제대로 된 교육을 표방한 서원이 그만큼 폐해가 많았다.

대사성 권위 또한 자유 낙하했다. 왕권이 강력하던 숙종 때는 567개월 동안 208명이 갈려나갔다. 평균 임기는 2.7개월이었다. 탕평책을 통해 각 당을 견제하던 영조 때는 637개월 동안 272명, 평균 임기 2.3개월이었다.

'학문을 숭상하고' 자칭 '만천명월주인옹萬川明月主人翁(만 갈래 강을 비추는 밝은 달의 늙은 주인)'이었던 정조 때는 최악이었다. 300개월 동안 대사성이 된 사람은 251명으로 평균 임기는 1.2개월에 불과했다. 심지어 정조 때는 하루에 대사성이 세 번 갈리기도 했다.[132]

성균관 교육은 당연히 안정적으로 이뤄질 수 없었다. 모두가 "대사성 직임은 매우 중요하다"고 왕에게 보고하면서도 왜 이렇게 비정상적인 인사가 이뤄졌는지에 대해서는 '정말 매우 드문드문 몇 곳만 제외하고는' 뚜렷한 기록도 없다.[133]

정조시대 대사성 인사를 연구한 용인대 교수 장재천은 논문에 이렇게 썼

왕	재위 개월	대사성 수	대사성 임기(개월)
01 태조	78	7	11.1
02 정종	26	1	26
03 태종	221	13	17
04 세종	390	14	27.9
05 문종	26	2	13
06 단종	40	4	10
07 세조	164	20	8.2
08 예종	15	2	7.5
09 성종	322	25	12.9
10 연산군	143	8	17.9
11 중종	472	63	7.5
12 인종	9	1	9
13 명종	272	42	6.5
14 선조	499	97	5.1
15 광해군	187	43	4.3
16 인조	324	63	5.1
17 효종	124	36	3.4
18 현종	188	52	3.6
19 숙종	567	208	2.7
20 경종	53	33	1.6
21 영조	637	272	2.3
22 정조	300	251	1.2
23 순조	424	243	1.7
24 헌종	181	78	2.3
25 철종	180	124	1.5
26 고종	533	398	1.3
27 순종	37	1	37
총계	6,412개월	2,101명	3.1개월

다. '아무리 붕당 문제가 있었다는 것을 염두에 두더라도 이것은 해도 너무했다는 생각이 든다. 이러니 성균관 교육이 당연히 안정적으로 이루어질 수가 없었을 것이라고 생각된다.'[134] 군이 학자 평가를 인용할 필요도 없는 일이니, 글자가 아깝고 종이가 아깝다.

성균관보다 역사가 긴 영국 케임브리지대는 808년 동안 총장 145명이 5.6년씩 재임했다.[135] 799년 역사 옥스퍼드대 총장은 187명으로 임기는 평균 4.3년이었다.[136] 1637년에 설립된 미국 하버드대는 386년 동안 총장이 30명이었고 평균 임기는 13년이었다.[137]

청나라는 어떤가. 1644년 순치제부터 1799년 건륭제까지 155년 동안 조선 성균관 대사성과 같은 청나라 국자감 한족 좨주는 64명이었다. 평균 임기는 2.4년이었다. 청나라 국자감에는 만주족과 한족 좨주가 동시에 임명됐다.[138]

고종시대 533개월에는 한 달 아흐레에 한 번씩 자그마치 398명이 대사성 벼슬을 달고 나갔다. 세도정치 주역 가문인 안동 김씨 대사성, 풍양 조씨가 배출한 대사성은 각각 74.1%, 68.3%가 세도정치시대와 고종시대에 몰려 있다. 고종 외척 여흥 민씨는 모두 31명이다. 조선왕조 전체를 통틀어 여흥 민씨 대사성 50명 가운데 절반 이상이 고종 때 사람들이었다.[139]

거기에 소년 대사성 민영익 또한 이름을 올린 것이다. 성리학 국가요 선비의 나라 조선의 최고 교육기관, 성균관 대사성 이야기 같은가. 사림이 신나게 나라를 말아먹기 시작한 중종 때 동지관사 윤탁이라는 사람이 은행나무 두 그루를 강당 앞뜰에 심었다.[140] 그 나무가 거대하게 자라나 지금도 위풍당당하게 서 있다. 그런데 열매가 땅에 떨어질 때마다 썩은 내가 진동했다고 하니 겉보기와 내실은 이렇게 다른 법이다. 땅의 역사

고종 43년간 한성판윤은
429명이 평균 한 달 엿새 근무했다

조선왕조 500년 동안 한성판윤은 무엇을 했나

경복궁 근정전. 매서운 겨울에 관광객이 고궁 나들이에 한창이다. 조선 전기 『경국대전』을 비롯해 각종 성문법을 완비한 조선왕국은 그 법에 의거해 백성을 통치했다. 하지만 법은 수시로 권력에 의해 무시당했고 이로 인해 백성은 부패한 관리로부터 피해를 입어야 했다. 한성판윤을 비롯해 대민 행정을 책임지는 관리들의 법정 임기도 무시당했다. 조선시대 한성판윤 평균 재직 기간은 석 달에 불과했다.

흔히 한양이라 부르는 조선왕국 수도 공식 명칭은 한성이다. 태조 이성계는 개국과 함께 고려 한양부를 한성부로 개칭했다. 그래서 조선시대 서울시장은 한성판윤이다. 황희(태종), 맹사성(세종), 서거정(예종), 이덕형(선조)과 채제공, 박문수(영조)에서 민영환(고종)까지 숱한 명망가들이 한성판윤 자리를 거쳐갔다. 그런데 그 쟁쟁한 인물들이 거쳐간 한성판윤에 대한 평가는 이렇다.

'조선시대 한성부 판윤으로서 유명한 인물은 주로 조선 전기에 많았다. 그러나 이들의 정치적, 학문적 업적은 많이 알려져 있으나 한성부 판윤으로서의 행정 실적은 별로 기록된 내용이 없는 것이 특징이다.'[141]

'(조선 후기) 한성판윤은 사회가 혼란하고 정치가 안정되지 않았다는 사실을 증명하는 단적인 예다.'[142]

한성판윤은 품계가 정2품으로 장관급 고위직이다. 한 나라 수도 행정을 책임지는 최고위 공직자다. 그런데 전기에는 행정 실적 기록이 없고 후기에는 불안정한 사회와 정치의 상징이라고 한다. 왜 이런 평가가 나올까.

본질적 질문을 해본다. 숫자에 답이 있다.
"조선시대 서울시장은 몇 명이었고, 임기는 몇 년이었나?"
답은 이렇다.
"1395년 임명된 초대 서울시장(판한성부사)부터 1907년 대한제국 마지막 서울시장(경성부윤)까지 512년 동안 서울시장은 모두 2,012명이었다. 각 시장 평균 재직 기간은 3개월이었다."[143]

행정 실적 기록이 있었다면 오히려 기이한 숫자가 아닌가.

후기는 어떤가. 1864년부터 1907년까지 고종시대 43년만 따지면 1864년 음력 4월 16일 임명된 이우李㙖부터 1907년 양력 3월 11일 임명된 마지막 한성부윤 박의병까지 모두 429명이었다.[144] 그 고종시대 서울시장 평균 재임 기간은 한 달 6일이었다.

그러니 '불안정한 사회와 정치의 상징'이 아니겠는가. 꼭 조여 있었어야 할 나사들이 다 달아나고 없는 조선시대 서울시장 이야기.

대한민국 서울시장, 2073대 판윤

앞서 조선시대 한성판윤은 512년 동안 모두 2,012명에 평균 재임 기간은 3개월이라고 적었다. 그런데 이 숫자는 불완전하다. 1차 사료가 부족하다. 공무원 임면 관계를 기록한『승정원일기』와 각종 사료들이 1592년 임진왜란 발발과 함께 불타버렸거나 사라져버렸다. 그래서 선조 때까지 공무원 임면 기록은 실록을 일일이 들춰봐야 한다.

해방 후 역대 한성판윤에 대한 통계는 1957년 '서울시사편찬위원회'에서 만든『한성판윤선생안』이 처음이다. 그리고 2017년 그 후신인 '서울역사편찬원'에서 실록과『승정원일기』를 참고해 새로운 통계가 나왔다. 이에 따르면 1905년 양력 1월 임명된 박의병이 제2010대 한성판윤이다. 박의병은 다른 직책을 맡았다가 그해 말 다시 한성판윤에 임명됐고 이듬해 경성부윤에 임명됐다. 연구자에 따라 총 판윤 숫자는 차이가 나지만 현재 2,010명 안팎으로 정리돼 있다. 이 글은 '서울역사편찬원'의 명단을 기준으로 삼았다. 식민시대 경성부윤을 합쳐서 현 대한민국 서울시장 오세훈은 1395년 1대 한성판윤 이래

2073대째 서울시장이다. 조선시대 한성판윤처럼 장관급이다.

한성판윤이 하는 일

『경국대전』이 규정한 한성판윤 업무는 호적, 시장, 가옥, 전답, 임야, 도로, 교량, 하천, 세금 등등에 관한 사무였다. 한성판윤은 21세기 대한민국 서울시장 업무와 다를 바 없는 종합적인 행정가였다. 그런데 여기에 민간 빚 문제(부채負債)와 폭력(투구鬪毆), 살인사건 검시권까지 가진 강력한 사법권자이기도 했다.[145]

이 같은 사무의 최종 결정권자가 바로 판윤이다. 여기에다 한성판윤은 어전회의에 출석해 국정을 논하고 대중국 외교에도 관여하는 막강한 벼슬이었다.

그 막중하고 폭넓은 업무를 역대 한성판윤은 제대로 수행했을까? 못 했다. 왜? '서울 실정을 제대로 파악하지 못하고 이직을 거듭했으니까.'[146] 게다가 한성부 공식 업무는 '판윤이 좌기坐起(출근해 업무를 시작함)한 뒤라야' 하급 관리들이 업무를 시작할 수 있었다.'[147] 한성판윤은 수시로 어전회의에 출석해 국정을 논하고 중국 사신이 오면 의전을 맡아 자리를 비웠다. 그러니 조선국 한성판윤은 시정市政 장악이 구조적으로 불가능한 직책이었다. 그나마 석 달밖에 근무하지 않고 전근을 가곤 하는 시장.

기네스북에 기록될 재임 기간

헌종 때인 1848년 11월 30일 형조판서 이돈영이 1618대 한성판윤에 임명됐다. 그런데 그날 마침 이돈영이 지방에 출장 중이라는 보고가 올라왔다. 그러자 헌종은 즉시 한 해 전 판윤을 지냈던 김영순을 판윤으로 임명했다. 이돈영은 하루살이 판윤이 됐다.[148] 1799년 9월 27일 1293대 판윤에 임명된 서유대는 다음 날 무관직인 금위대장으로 전보되고 판윤은 이의필로 교체됐다. 이유는 불명이다.[149] 이렇게 하루 혹은 하룻밤 만에 시장직에서 내려앉은 사람이 한두 명이 아니다. 역대 판윤 2,012명 가운데 153명이 열흘 만에 자리에서 나갔다.

세도정치시대인 헌종과 철종 때 한성판윤을 지낸 이가우李嘉愚 별명은 '판윤대감'이었다. 이가우는 10년 동안 모두 열 번 판윤을 지냈다. 그런데 그가 판윤직을 수행한 기간은 총 1년 3개월에 불과했다.[150]

한성판윤은 매일 궁궐에 들어가 국왕 및 판서들과 회의를 가졌다. 그래서 '말단 행정'에 대한 관심과 애정이 적었다. 그렇다 보니 앞에 언급했듯 중종 때 '판윤이 출근하지 않아서 하급 관리들 업무가 마비된다'는 보고가 올라간 것이다.

무엇보다 조선왕국 사대부들은 소위 '9경九卿' 경력을 가문의 영광으로 여겼다.[151] 9경은 정2품 의정부 좌우참찬, 육조판서와 한성판윤이다. 이들 보직은 지금으로 치면 장관들이니, 어찌 영광이 아니겠는가. 하지만 경력 관리 차원에서 한성판윤을 받아들였을 뿐, 실질적인 서울 행정에는 관심이 없었다는 뜻이다. 이런 명목상 시장이 주는 행정 공백을 막기 위해 조선 정부는 장기 근무를 원칙으로 하는 '구임관久任官'을 두었다. 한성판윤 자리가 수시로 바뀐다는 전제를 깔고 마련한 정규직이다.

판윤 자리는 파리 목숨이기도 했다. 1762년 944대 판윤 홍상한이 "소나무 가지가 말라 죽으니 군에서 감시하게 해달라"고 상소하자 영조는 "아침 회의

석상에서 나뭇가지 이야기를!" 하며 홍상한을 파면했다. 임명된 지 한 달이 안 된 판윤이었다.[152] 1790년 12월 1214대 판윤 구익은 경희궁 홍화문 앞 정조 행차 길에 눈을 치우지 않았다는 질책을 받고 파면됐다. 재직 기간은 한 달 11일이었다.[153]

상상 초월, 지방 수령

한성판윤만 봐도 조선왕국 행정은 문제가 많았다. 하지만 한성을 제외한 지방관을 보면 문제는 더 심각해진다. 지방관은 『경국대전』과 『대전통편』에 임기가 정해져 있다. 관찰사는 360일, 중급 수령은 900일, 하급 수령은 1,800일이다. 하지만 이 임기를 제대로 채운 수령은 단 한 명도 없었다. 1746년 제정된 『속대전』의 변방 수령은 1년으로 임기가 짧아졌다. 1506~1894년 부산 동래 각급 수령 인사를 기록한 「동래관안」에 따르면 388년 동안 임기를 만료하고 교체된 수령은 전체 280명 가운데 25명밖에 없었다.

게다가 이 「동래관안」에는 교체 이유도 명백하게 기록돼 있지 않은 인사도 7%나 됐다. 그러니까 업무 보는 도중에 신임 부사가 사무실로 들어오는 것이다. 또 신구 수령 사이에 한 달 이상 텅 빈 공백 기간이 많았다. 인사행정이 법전을 무시한 채 무절제하게 이뤄졌다는 뜻이다.[154]

수령이 교체되면 지역민은 닷새에 걸쳐 신임 수령을 맞는 의전을 벌여야 했으니, 이 또한 위민 정치와는 거리가 멀었다. 그래서 영조 때는 실록에 이런 기록이 등장한다.

'한 번 수령을 거치면 전답을 사고 집을 새로 짓는 자가 열 가운데 6, 7은 되며 임기를 마치고 돌아가는 수령으로서 짐바리가 없는 자가 없다.'[155]

매관매직과 부실인사의 극, 고종

1864년 고종 등극 이듬해부터 1907년 고종 퇴위 직전까지 한성판윤은 모두 429명이었다. 43년 사이 한 해 열 명이 넘는 시장이 한성 행정을 책임졌다. 『고종실록』에 따르면 1890년에는 한 해 동안 모두 29명이 한성판윤 사무실에 짐을 풀고 짐을 쌌다. 그해 판윤 평균 재직 날수는 12.3일이었다.

행정을 책임질 수 있었을까. 1886년 좌의정 김병시가 고종에게 이렇게 말한다.

"법은 갖추어져 있으나 꼭 시행되지는 않고 수령 교체가 빈번해 영접과 전송에 곤경을 치른다. 가난한 백성이 가렴주구에 시달린다."156

대한제국시대 황실 고문을 지냈던 전 주대한제국 미국공사 윌리엄 샌즈는 이렇게 기록했다.

'일본인 대금업자는 뇌물을 빌려주고 이자를 12%나 받았다. 신임 지방관은 어떡하면 돈을 거둘 수 있을까가 고민이었다. 관리들은 프랑스혁명 이전 세금 청부업자라고 보면 틀림없다.'157

법은 완비됐으되 지키지 않았고, 시장이 별처럼 많았으되 시장이 시장이 아니었던 조선조 한성판윤 이야기다. 그 한성부 본청은 경복궁 정문인 광화문 동쪽 육조거리에 있었다. 광화문이 눈을 부라리며 한성부 대로를 지키는데, 바글대던 판윤 나리들은 어디로 가셨나. 땅의역사

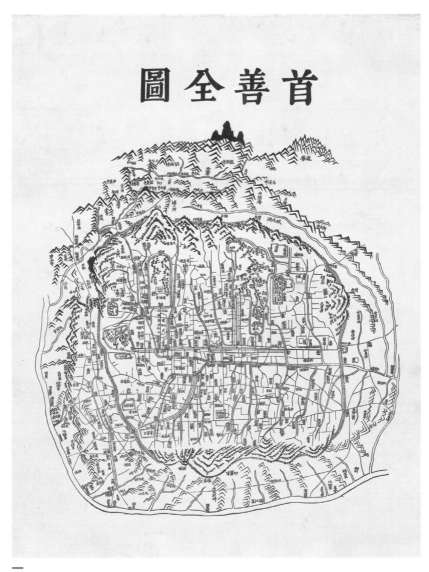

김정호가 그린 〈수선전도(首善全圖)〉. '수선(首善)'은 한 나라에서 으뜸가는 선, 즉 서울을 뜻한다. 그런데 그 서울을 관장하는 시장(판윤)은 조선왕조 500년 내내 심각할 정도로 자주 바뀌어 행정에 집중하기가 쉽지 않았다. [국립중앙박물관]

2장
폭풍 같았던 흔적들: 조선 후기

"나라의 절반이 역적이더라"

안성 토역비

01 "다섯 냥에 이 몸을 노비로 팔겠나이다"

스스로 노비를 택한 노비 계약, 자매문기(自賣文記)

이 책 1장, 「안동별궁에서 벌어진 오만가지 일들」에 이런 대목이 나온다.

1624년 인조가 국가 보유 기와와 목재로 정명공주 저택을 신축하려 하자 사간원에서 이리 비판했다. "재목과 기와는 자식을 팔고 지어미를 잡혀(賣子貼婦·매자첩부) 고혈膏血을 짜낸 끝에 나온 것이다."158

'자식을 팔고 아내를 저당잡혔다.' 전쟁 포로도 아니고 납치해 온 이웃 마을 개똥이도 아닌, 자기 아들과 아내를 팔아 세금을 메꿨다는 말이다. 이렇게 자기 자신을 포함해 가족을 팔아 노비(奴婢: 奴는 사내, 婢는 계집종을 뜻한다)가 된 사람들을 '자매노비自賣奴婢'라고 하고 그 계약문서를 '자매문기自賣文記'라고 한다. 그 기가 막힌 이야기.

세종이 대량 생산한 노비

고려는 귀족국가였다. 노비 노동력은 귀족 권력 기반 가운데 하나였다. 엄마가 노비면 아비가 양인이어도 자식은 노비였다. 왕실과 귀족이 얼마나 노비에 집착했냐 하면, 몽골 지배하에서도 노비를 포기하지 않았을 정도였다.

총독부쯤 되는 원나라 정동행성 평장 활리길사閣里吉思가 "부모 가운데 한쪽이 평민이면 자식은 평민으로 하자"고 건의했어도 "고려 옛 법에는 그렇게 규정돼 있지 않고, 이 법은 절대 바꾸지 못한다"고 거부했을 정도였다.[159]

부모 양쪽 노비 세습이라는 악풍을 부계父系만 따르도록 개혁한 사람은 조선 3대 국왕 태종이었다. 1414년 6월 27일 예조판서 황희 건의에 따라 태종이 이리 선언했다.

"하늘이 백성을 낼 때 본래 천민은 없었다. 이제부터 노비 여자가 양인良人에게 시집가 낳은 자식은 모두 양인이다."

자식이 아버지 신분을 따르게 하는 이 종부법從父法을 종모법으로 환원시킨 사람은 세종이다. 1432년 3월 25일 『세종실록』에 따르면 세종은 "(신분 질서를 파괴하는) 양민과 천민이 서로 관계하는 것을 일절 금지시키되, 범법할 경우 그 소생들은 공노비로 삼도록 하자"고 회의에서 의제를 내놓았다. 그러자 대신들은 "낳은 자식들을 (국가가 아니라) 주인에게 돌려주도록 하자"고 역제안했다.

새로 생겨날 이 천민 집단을 정부와 개인 누가 차지하느냐가 문제였지 노비 숫자를 늘리자는 데는 왕도 관료도 모두 찬성했다. 그래서 양인과 노비 사이 결혼은 불법이 됐고, 그 불법 행위로 생긴 자식은 노비가 됐다.

1485년 조선 정부는 『경국대전』을 반포하며 새 노비법을 성문으로 규정했다.

'천민 자식은 어미를 따른다(從母役·종모역)'.

'만일 천민 남자와 양민 여자 사이에 아이를 낳으면 아비를 따른다(從父役·종부역).'160

하늘에서 떨어진 그물에 걸린 듯, 이제 아버지든 어머니든 노비 부모를 가진 사람은 어디를 가도 피할 수 없는 노비였다.

서글픈 군상, 자매노비

그래서 노비는 노비였다. 주인에게 노동력을 제공하고 생존을 보장받는 대신 인신의 자유와 존엄을 박탈당한 존재였다. 실록은 이들을 천민賤民이라고 부르기도 하고 그저 천구賤口, '천한 입'이라고 부르기도 했다.

양민을 팔려는 유혹도 노비로 팔려가려는 유혹도 늘 존재했다. 공식적으로 양민을 노비로 삼는 행위는 불법이었다. 양민을 노비로 팔다가 적발되면 장 100대에 3,000리 유배형이 기다리고 있었다.161 게다가 자기 자손을 노비로 팔면 80대 장형에 아내를 팔면 남을 판 범죄와 동일하게 100대 장형에 3,000리 유배형을 당했다.

1418년 세종이 즉위하고 넉 달 뒤 시강관 정초鄭招가 경연장에서 이리 말했다.

"우리나라 백성 생계가 아직은 아내를 팔고 자식을 파는 처지에는 이르지 않았나이다."

세종이 이리 답했다.

"어찌 곤궁한 사람이 없겠느냐." 세종이 이리 덧붙였다. "내가 궁중에서 나고 자랐으므로, 백성 살림이 힘들고 고됨은 다 알지 못한다."162

세상이 가족을 팔아 목숨을 부지할 정도로 어렵지는 않다는 형편없는 자

화자찬이었다. 그런데 건국 후 200년이 흐르고 임진왜란이 터졌다. 세종 즉위년에는 상상할 수 없던 이 '가족 판매' 행위가 '가족을 팔아서 세금을 내는' 상상 초월 사태로 확대됐다.

범죄가 있기 때문에 법이 있고 처벌이 있는 것이다. 인신의 자유와 존엄을 포기하면 생존이 보장되기에 가족과 자기 자신을 노비로 파는 일이 빈번해졌고, 처벌은 유명무실해져갔다. 가족과 자기 몸을 노비로 파는 계약서가 '자매문기'다. 18세기 정조 때 작성된 관용 문서 양식집 『유서필지儒胥必知』에는 〈비문권婢文券〉이라는 제목으로 이 자매문기 양식이 포함돼 있을 정도로 가족 판매가 일상화됐다.[163]

처벌은 법전에만 남았다. 그 서글픈 군상이 저 자매문기들에 그려져 있다.

다섯 냥짜리 여자 안낭이(安娘伊)

'건륭 21년 병자 2월 20일 조세희 앞으로 글로써 밝힙니다. 죽음의 세월을 살아낼 방도를 찾을 수 없고 험난하고 즐겁지 않지만 노모를 살릴 방도 또한 없습니다. 부득이 다섯 냥을 받고 제 몸을 팔겠습니다. 또 이후 자식이 생기면 아이 또한 영원히 노비로 팔겠습니다. 만약 훗날 이에 대해 말이 나오거들랑 이 문서를 관아에 제시해 바로잡을 일입니다.'

조선 영조 32년인 서기 1756년 봄이 올 무렵, 안낭이安娘伊라는 여자가 자기 자신을 노비로 팔았다. 문서에 따르면 안씨는 양인 여자(良女·양녀)다. 안낭이는 '죽음의 세월에 살 방도가 없어서' 스스로 남의 집 노비가 되는 길을 택했다. 늙은 어미를 봉양할 방도가 없었다. 몸값은 '다섯 냥'이었다. 그리고 향후 어찌어찌하여 아이가 생기면 그 아이 또한 '영영 노비로 판다'는 조건이 붙

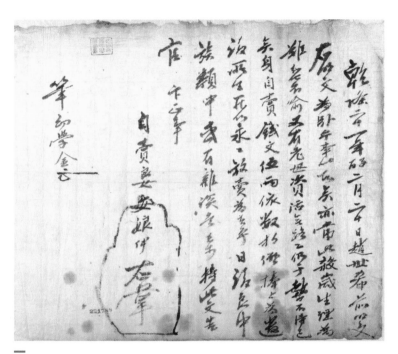

영조 때인 1756년 안낭이(安娘伊)라는 양민 여자가 다섯 냥에 자기를 조세희라는 사람에게 노비로 팔겠다는 문서다. '자매문기'에는 대개 '후손까지 영원히 노비로 판다'는 조건이 붙어 있었다. [규장각한국학연구원]

어 있었다. 글을 읽거나 쓸 줄 몰랐기에 그녀는 오른손을 종이에 대고 그려서 서명을 대신했다. 김씨 성을 가진 유생이 문서를 작성하고 본인이 서명했다.[164]

이 문서에서 나오는 '글로써 밝힌다(明文·명문)' '이 문서를 관에 제시해 바로잡는다(持此文告官卞正事·지차문고관변정사)' 따위 문구는 자매문서 공통으로 보이는 표준서식이다.

서른 냥짜리 정일재 가족

'건륭 51년 12월 22일 최 생원 댁 노비 유성 앞에서 문서로 밝힙니다. 흉년을 당해 팔십 노모를 부양할 방도가 없기로, 마흔 먹은 아내와 스무 살짜리 둘째 아들 창운, 열여섯 먹은 셋째 딸 홍련과 열두 살 먹은 아들 용운, 여덟 살인 다섯째 용재, 세 살 난 창돌이를 각각 다섯 냥씩 그리고 뒤에 태어날 일곱째 아이까지 노비로 영원히 파나이다.'

정조 10년인 서기 1786년 정일재라는 사내가 온 가족을 최 생원 집에 노비로 팔았다. 이유는 '흉년에 노모 봉양 불가'. 아내 뱃속에 있는 일곱째 아들까지 팔았다. 문서에는 정일재 본인을 재주財主, 물건 주인이라고 적었다. 문제가 있으면 관에서 바로잡는다는 문구도 보인다.[165]

1793년 정월 아기연이阿其連伊라는 양인 여자는 사람이 죽어 나가는 끔찍한 흉년(大殺年·대살년)에 기근과 역병이 만연해 명을 보전 못 할까 두려워(飢饉癘疫塡塹迫·기근려역전학박) 본인과 13세 맏아들 용복, 여섯 살 먹은 딸 초래를 25냥에 팔고, 뒤에 낳을 자식들도 모두 영원히 노비로 팔았다. 아기연이의 남편 원차세와 아이들 삼촌 원명순이 증인으로 계약에 참석했다.[166]

복쇠 부부, 박승지 댁 노비가 되다

'빚을 갚을 도리가 없어 서른아홉 먹은 소인 박종숙은 본인과 마흔두 살 먹은 아내 구월이, 서른 살짜리 첩 시월이와 여섯 살짜리 맏아들과 세 살배기 둘째를 노비로 팔겠나이다.'

'건양 원년 11월'에 작성한 이 자매문기는 '첩까지 둔' 박종숙이라는 사람이 그 첩을 포함해 온 가족을 노비 시장에 내놓겠다는 문서다. 문서에는 누구 손인지는 불명인 손바닥 세 개가 그려져 있다. '건양 원년 11월'은 '1896년 11월'이다. 20세기를 4년 앞두고, 고종 왕비 민씨가 일본인에 살해된 직후 만든 문서다. 증인도 없고 노비로 구매한 사람도 없다.[167]

도광 2년 11월 서른두 살 먹은 복쇠福釗는 자신과 스물여덟 먹은 아내 복섬福譫이를 박승지 댁에 팔았다. 자식은 기록에 없다. 생활고가 이유였다. 이 또한 조건은 '영영 노비로 판다'였고 가격은 스물다섯 냥이었다. 문서에는 복쇠 본인 글씨인 듯한 필체로 복쇠와 복섬 이름이 적혀 있고 누군가의 손바닥이 가로로 누워 그려져 있다.[168] 도광 2년은 1822년, 순조 22년이다. 한 해 전 조선 팔도에 역병이 돌아 많은 사람이 죽었다. 흉년이 겹쳐서 더 많은 사람이 죽었다. 이렇게 정조 이후 구한말까지 '엄청나게 많은' 자매문서가 박물관과 역사 관련 기관에 보관돼 있다.

망국까지 이어진 자매(自賣)

대한제국이 건국되고 4년째인 광무 4년(1900년) 재금再金이라는 여자가 열 살 난 딸 간난이干蘭伊를 윤 참판 댁에 팔았다.

'이 작은 계집은 지아비를 잃고 빚이 수백 금이라 부득이 열 살 난 여식 간

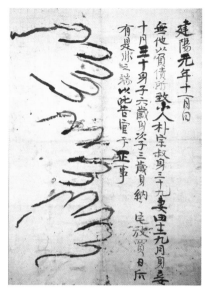

손바닥 세 개가 그려진 이 문서는 1896년 박종숙이라는
사내가 본인, 아내, 첩, 아들 둘을 모조리 노비로 내놓겠다
는 문서다. [대전광역시립박물관]

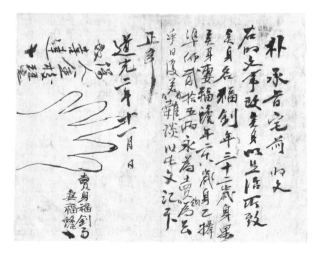

1822년 박승지 댁에 노비로
들어간 복쇠-복섬 부부 자
매문기. [국립중앙박물관]

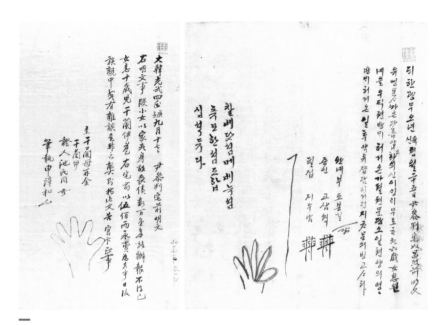

1900년 재금이라는 여자가 남편 없이 살며 생활고에 시달리다 열 살짜리 딸 간난이를 윤 참판 댁에 500냥에 판다는 문서. 영원히 노비가 되더라도 먹고 살기를 바란다는 역설이 숨어 있다.(왼쪽) [규장각한국학연구원]
조봉길이라는 사내가 딸 완례를 영원히 노비로 팔아넘긴 자매문기(오른쪽) [규장각한국학연구원]

난이를 오백 냥에 윤 참판 댁에 영원히 팔려 하오니 훗날 족친 가운데 이의를 제기하는 자가 있으면 이 문서로 증빙하오리다.'[169]

이듬해 조봉길이라는 사내는 '살길이 없어' 여섯 살 먹은 딸 완례를 윤 참판 댁(바로 위 간난이가 팔려간 그 윤 참판과 동일인물인지는 알 수 없다)에 당오전 일천 냥에 팔았다. 당오전이니까 200냥이다. 조봉길은 현금 대신 찰벼 다섯 섬, 메벼 네 섬, 츄모(추모秋麰: 가을에 씨를 뿌려 이듬해 초여름에 거두는 보리) 한 섬 해서 10석을 받았다. 재금이도, 조봉길도, 자기 딸 간난이와 완례를 '영원히' 노비로 판다고 계약했다.[170]

그리고 어느 겨울날 최씨 성을 가진 여자가 열 살짜리 자기 딸 간난이를 노비로 팔겠다고 내놓았다. '긴급히 사용하기 위해(緊用次·긴용차)'라 적어놓았으니 급전이 필요했던 듯하다. 그녀가 딸에게 매긴 몸값은 362냥 53전이었으니, 이만큼 빚을 지고 있었다는 뜻이 아닐까. 문서에는 최씨 손바닥만 그려져 있을 뿐 간난이를 사 간 사람도 증인도 없다. 거래는 불발됐다. 최씨가 간난이를 내놓은 때는 망국 1년 전인 대한제국 융희 3년, 1909년 음력 11월 한겨울이었다.[171]

과연 가족을 팔아넘긴 저들이 인륜을 저버린 금수禽獸였을까. 그렇게 비난을 해야 할까. 왜 똑똑한 세종은 이런 비극을 예감하지 못한 것일까. 아니, 세종에게 노비는 '아끼고 사랑해야 할 백성'으로 보이지 않던 것일까. 그 엄혹한 신분제로 인해 저들은 무능한 본인을 탓하며 가족에게 살길을 열어주려고 연을 끊은 건 아닐까. 망외역사

02 | "가짜 양반 엄택주를 영원히 노비로 삼으라"(1745년 영조)

조선 노비 엄택주의 파란만장한 인생

1457년 10월 21일 조선 6대 임금 단종이 강원도 영월 유폐지에서 죽었다. 영월 말단 관리 엄홍도는 서강西江 물가에 방치된 그 시신을 수습해 자기 선산 언덕에 묻었다. 1698년 숙종 때 노산군에서 단종으로 왕위가 복위되고 1758년 영조 때 엄홍도는 사육신을 모신 영월 창절서원에 배향됐다. 단종이 묻힌 언덕은 장릉莊陵으로 조성됐다.[172] 이보다 3년 전인 1755년 엄홍도 후손인 전직 현감 엄택주가 고문을 받다가 죽었다. 노비 신분을 세탁해 현감까지 오른 뒤 흑산도로 유배됐다가 역모逆謀에 휩쓸려 죽은, 엄택주의 파란만장한 일생.

요동치는 노비 제도

임진왜란 와중과 이후 많은 노비들이 양민으로 신분이 상승했다. 대가를 받고 양민으로 풀어주는 일을 '속량贖良'이라고 한다. 속량은 국가가 주도했다. 납세 의무가 없는 천민을 양민으로 상승시켜 재정을 정상화하려는 조선

강원도 영월에 있는 단종릉 장릉(莊陵). 1457년 영월에 유배 중이던 단종이 죽자 영월 관리 엄흥도가 죽음을 각오하고 그 시신을 자기네 선산에 모셨다. 노비였던 이만강은 엄흥도 후손 엄택주로 신분을 위조해 현감 벼슬까지 지내다 적발됐다. 조선 후기 노비들이 에워싼 세상은 이성으로는 설명하기 난해한 세계였다.

정부와 신분 상승을 꿈꾸는 천민들 이해관계가 맞았다. 속량을 위해 필요한 대가는 전쟁이나 반역 토벌전 무공武功 또는 돈이었다. 돈은 쌀 160석이 최고였다. 17세기 숙종 때는 최저 10석까지 낮아졌지만 여전히 노비 하나가 25년을 일해야 거둘 수 있는 돈이었다.[173]

불만은 가득한데 무공도 돈도 없는 노비들은 도망을 갔다. 영조 5~8년 3년 사이에 성균관 소속 노비 가운데 달아난 종들이 2,500명이었다.[174] 2,500명이 달아난 사실도 놀랍지만, 성균관에 그 많은 노비들이 있었다는 사실이 더 놀랍다. 달아난 천민들은 서북쪽 국경지대와 남도 섬으로 숨어들어 가 살았다.

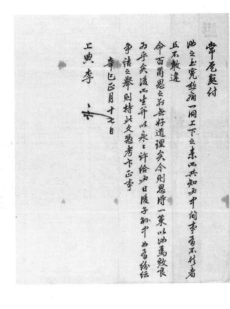

상돌이라는 종 가족을 양민으로 풀어준 속량문기
[규장각한국학연구원]

박 생원이 노비 임단 가족을 최 생원에게 판 노비문기. 그때 임단은 임신 중이었는데 문서에는 '뱃속에 있는 태(腹中胎·복중태)'도 함께 판다고 적혀 있다. [규장각 한국학연구원]

많은 양반들 또한 노비를 속량했다. 스스로 가난에 빠져 벗어날 수 없는 양반들은 돈을 받고 노비를 풀어줬다. 1709년(숙종 35년) 박상현이라는 양반은 외사촌에게서 샀던 계집종 애임愛任을 '긴히 쓸 돈이 필요해' 수소 두 마리와 돈 3냥에 속량시켰다. 애임은 박상현 외사촌이 길거리 떠돌던 아이를 주워다 종으로 기른 여자였다. 그 여자를 박상현이 사서 부리다 속량한 것이다. 애임을 속량한 박상현은 '본인이 계집종에게 먼저 속량하라고 제안할 정도로' 돈이 급했다.[175]

1733년(영조 9년) 봄, 김씨 성을 가진 주인은 자기네 산소 석물石物을 세울 돈이 필요해 사내종 준석을 50냥을 받고 영원히 속량해 주었다. 이씨라는 상전은 종 상돌이와 자식들을 속량했다. 이유는 '상돌이의 원통함이 지극하고 나 또한 어기지 못할 명을 따르기 위한 계책으로'였다. 날짜나 가격은 문서에는 없다.[176]

인간이 아닌 삶, 그리고 저항

그렇게 많은 사람들이 노비가 되었고, 많은 사람들이 양민이 되었다. 노비는 물건이었다. 토지 매매계약서와 노비 매매계약서는 대개 양식이 유사했다.

1776년 영조 52년 3월 7일 박 생원이 자기 노비 임단任丹이 가족을 최 생원 집에 팔았다. 식구는 6명이었다. 일괄 가격은 60냥이었다. 그런데 노비 문서에는 이렇게 적혀 있다.

'뒤에 태어날 아이들(後所生·후소생)과 임단이 뱃속에 있는 태(腹中胎·복중태) 포함.'

마흔다섯 먹은 여자 임단이는 그렇게 뱃속 '태胎'와 함께 최 생원 집으로 팔

려갔다.[177]

1723년 5월 1일에는 김상연이라는 가난한 양반이 계집종 넷을 이내장이라는 사람에게 팔았는데, 스물아홉 먹은 이월二月이는 '임신 중(懷孕·회잉)'이라는 문구가 부기돼 있었다.[178]

인간으로서 존엄 또는 자존과 무관한 그 생활을 견디다 못한 자들은 반역을 꿈꾸기도 했다. 1684년에는 서울에서 "우리를 만약 모두 죽이지 못하면 종말에는 너희들 배에다 칼을 꽂고 말 테다"라며 양반을 다 죽이자고 무장투쟁을 계획한 '살주계殺主契'도 나왔다.[179]

노비를 택한 사람과 방관한 정부

성리학 윤리를 법제화한 조선 법률체계에서 스스로를 노비로 파는 행위, '자매自賣'는 불법이었다. 하지만 윤리가 생존을 보장해 주지는 못했다. 많은 사람들이 정부가 해결해 줄 수 없는 모순 해결을 위해 존엄을 팔고 생존을 택했다.

흉년, 부모 봉양, 빈곤, 채무 그리고 환곡. 자매문기에 나오는 대표적 매매 사유다. '자매문기(婢文券·비문권)'라는 표준 계약서 양식이 생겨났을 정도였다.

노비를 두고 윤리와 현실이 충돌할 때, 조선 정부는 명분을 택했다. 예컨대 이런 일.

'양구 사람 이만근은 흉년을 맞아 자기 몸을 팔아 부모 봉양 밑천으로 삼았다. 한 달여 만에 그를 산 자가 어질게 여겨 돌아가라고 권했으나 이만근은 굳게 사양하였다.'[180]

지금이라면 인신매매로 처벌해야 할 범죄였다. 그런데 정조 정부는 스스로를 판 이만근을 효자로 선정하고 그 후손에게 노역을 면제해 줬다. 인신매매는 양성화하고 그 몸을 판 사람을 효자로 선정하는, 이 기이함.

'스스로를 판 노비'는 세습이 법적으로 불법이었다. 영조와 정조 때 거듭 '자매노비 세습 불가' 원칙이 국왕 입에서 선언되곤 했다.[181] 하지만 노비 계약서인 '자매문기自賣文記' 대부분은 '영영방매永永放賣'라는 조건이 따라다녔다. '영원히 스스로를 팔고 그 후손까지 판다'는 것이다.(『땅의 역사』 6권 2장 '스스로 노비를 택한 노비 계약 자매문기自賣文記' 참조) 노비 세습은 1886년 3월 11일 고종 정부 때 마련된 '사가노비절목私家奴婢節目'에 의해 금지됐다.[182] 그런데 이 절목에는 기이하게도 노비를 자청한 자매 노비 본인은 '단 하루라도 일을 하면 주인에게 속량을 청할 수 없다'고 규정해 버렸다. 주인이 원하지 않으면 양인으로 돌아갈 수 없게 된 것이다. 구체적인 내용은 이러했다.

'자매 노비는 비록 하루 동안 사역을 당하더라도 명분이 이미 정해진 뒤에는 쉽게 모면할 수 없으며, 가주家主(주인)가 몸값을 갚으라고 허락하기 전에는 몸값을 갚겠다고 청할 수 없다.'

화려했던 엄택주와 환부역조(換父易祖)

이제 우리의 엄택주 이야기다.

"도망간 노비 가운데 부富를 이룬 자들은 '부모 이름을 바꾸고 다른 사람 족보를 위조해 양민 또는 양반 행세를 한다. 족보를 살펴보면 거의 친·외가 모두 유학幼學이다(左幻右眩而幾皆良丁幼學·좌환우현이기개량정유학).'"[183]

달아난 노비들이 족보 세탁을 한다는 이야기인데, 여기에서 '유학幼學'은 과거 급제나 벼슬 제수除授 경력이 없는 유생을 뜻한다. 그러니까 국가에 기록이 없는 자들을 골라 자기를 족보에 끼워 신분을 세탁한 것이다. 이렇게 아비를 갈아치우고 족보 위조로 할아버지를 바꿔버리는 행위를 '환부역조換父易祖'라고 한다. 우리의 엄택주는 역사에 남은 환부역조 대표 사범이다.

조선왕조 역대 과거급제자 명단인 '국조방목'에 따르면 엄택주는 영월 사람이고 1719년 과거 응시 당시에는 강릉에 살았다. 1719년 생원시에 합격한 이래 경상도 영일 현감까지 지냈다. 아비는 엄완이요 할아버지는 엄효, 외조부는 신원종이라는 인물이었다.[184]

1745년 3월 7일 사간원 정언 홍중효가 영조에게 충격적인 보고서를 올렸다. "아비를 배반하고 임금을 속인 엄택주 죄를 다스려야 합니다."[185] 처음부터 끝까지 그냥, 가짜라는 것이다. 주요 죄목은 '환부역조'와 '친부모 제사 의무 불이행'이었다.

알고 보니 엄택주는 노비였다. 본명은 이만강李萬江이다. 남하정이 쓴 『동소만록』에는 이렇게 기록돼 있다.

"엄택주는 충청도 전의 관아 노비 아들이었다. 어미도 노비였다. 재주가 뛰어나 어릴 적부터 스승 신씨로부터 글을 배웠다. 훗날 '주인집 처자와 혼인하고 싶다'고 스승에게 털어놓자 스승이 크게 꾸짖었다. 이만강은 그길로 달아나 영월 말단관리 사위가 되고 스스로 엄홍도 후손이라고 칭하고 이름을 엄택주로 바꿨다."[186]

정언 홍중효가 충청도 전의에 들렀다가 알게 된 사실이었다. 천민이 신분

엄택주가 과거에 붙었다가 신분 위조 사실이 드러나면서 자격을 박
탈당했음을 적어넣은 '국조방목' [한국학중앙연구원 장석각]

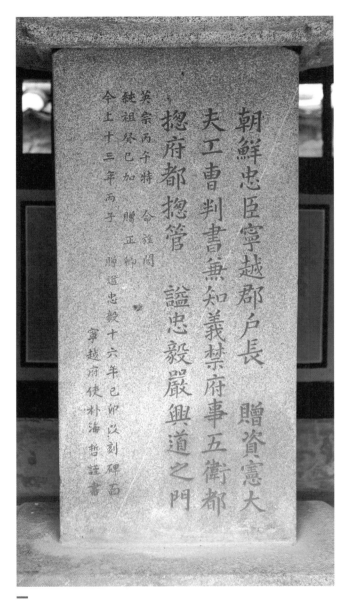

朝鮮忠臣寧越郡戶長　贈資憲大
夫工曹判書兼知義禁府事五衛都
摠府都摠管　　　諡忠毅嚴興道之門

英宗丙子特命旌閭
純祖癸巳加贈正卿
今上十三年丙子　贈諡忠毅十六年己卯以刻碑面
　　　　　　　寧越府使朴海哲謹書

영월 장릉에 있는 엄흥도 정려각 비석

112

을 위조한 데다 전의에 있는 친부모 묘소에 단 한 번도 성묘하러 온 적이 없다는 '충격적인' 강상죄綱常罪까지 저지른 악질이었다. 서울로 끌려온 엄택주는 의금부에서 조사를 받고 흑산도로 유배형을 당했다. 영조가 이리 하교했다. "죽여도 아까울 것 없다 하겠다. 영원히 노예로 삼고 방목榜目에서 그 이름을 삭제하여라."187 국조방목에는 '삭과를 당하고 관노가 됐다'라 부기됐다.

가뜩이나 히스테리가 심한 영조였고, 무수리가 낳은 아들이라는 신분적 피해 의식이 심한 왕이었다. 영조는 신분 위조보다 '한 번도 그 아비의 무덤에 성묘省墓하지 않았음'을 제1의 죄로 꼽았다. 성리학적 질서를 파괴한 죄가 더 크다는 것이다.

엄택주는 이듬해 몰래 서울을 왕래하다 발각되더니188, 9년 뒤인 1755년 반反영조 역모 사건인 '나주 괘서 사건' 때 주동자 윤지와 편지를 왕래한 사실이 드러나 서울로 끌려와 심문을 받았다. 엄택주는 "문예文藝가 있었음에도 귀양을 갔었기에 원한이 가득했다"고 자백하고는 물고物故됐다. 고문받다가 죽었다는 뜻이다.189

우리는 신분과 계급이 없는 나라 대한민국에 산다. 임신한 몸을 파는 애처로운 임단이도 없고 환부역조하는 이만강도 없다. 그런데, 정말 그런가? 땅의역사

03 | 임금이 아주 취해서
죄수 머리를 깃대에 매달라 명하였다

1755년 남대문에서 폭발한 영조의 광기(狂氣)

복잡다기한 영조의 콤플렉스

경종이 즉위하고 1년 두 달이 지난 1721년 8월, 당시 여당인 노론은 야밤에 궁으로 들어가 경종에게 "후사를 기대하지 말고 이복동생 연잉군을 왕세제로 택하라"고 요구했다. 경종은 그들 뜻대로 연잉군을 차기 왕으로 선택했다.[190] 두 달 뒤 노론은 경종에게 본인은 물러나고 아예 정사를 세제에게 대리청정시키라고 요구했다.[191] 그러자 야당인 소론 김일경이 이리 상소했다.

"저 (노론) 무리들이 벌써부터 전하를 군부君父로 대접하지 않고 또 스스로 신하로 여기지 않는다(彼輩旣不以君父待殿下 亦不以臣子自處也·피배기불이군부대전하 역불이신자자처야)."[192]

경종은 하고 싶던 말을 대신 해준 전직 관리 김일경을 이조참판으로 등용했다. 왕위를 맘대로 하려던 노론 4대신에게는 유배형을 내렸다. 권력은 노론에서 소론으로 옮겨갔다. 하늘과 땅이 뒤집힌 듯했다.[193]

조선 21대 국왕 영조(1694~1776) [국립고궁박물관]

3년 뒤 멀쩡하던 경종이 급서하고 왕세제 연잉군이 왕이 되었다. 그가 영조다. 등극 과정은 이렇게 정통성이 부족했고 복잡했다. 오랜 기간 영조는 정통성 콤플렉스에 시달렸다. '노론과 손잡고 이복형인 경종을 죽이고 왕이 됐다'는 루머가 말년까지 떠돌았다. 아버지 숙종과 무수리 사이에서 난 신분적 열등감과 형을 죽이려 했다는 혐의도 풀리지 않았다. 이 복잡한 이야기는 다음에 하기로 하자. 오늘은 서기 1755년 여름날, 이 정통성 콤플렉스에 시달렸던 권력자가 서울 남대문 노상에서 폭발한 광기狂氣 가득한 풍경을 구경해 본다.

나주 괘서 사건과 광기의 징조

영조 왕위에 의문을 품은 수많은 무리들이 의문을 실천에 옮겼다. 조정을 비난하는 괘서掛書(벽에 거는 대자보) 사건이 난무했다. 등극 4년째인 1728년 영남 남인들이 주축이 된 '이인좌의 난(무신란戊申亂)'은 군사력으로 정권을 바꾸려는 쿠데타이자 혁명이었다. 무신란 이야기는 다음 장에 나온다.

무신란 진압 후 근 30년이 지난 1755년 나주 괘서 사건이 터졌다. 여염집 담벼락도 아니고, 전라도 나주 객사 망루에 반정부 대자보가 나붙은 것이다. 괘서에는 이렇게 적혀 있었다.

'간신이 조정에 가득하여 백성들이 도탄에 빠졌다.'194

오랜 세월 '상하上下가 편안히 여기며 지냈던' 터라 영조는 웃어넘기려 했지

1755년 노론 정권과 영조에 저항하는 괘서(掛書)가 걸렸던 전남 나주 객사

만 노론은 달랐다. 권력이 흔들릴 징조였다.

그리하여 좌우 포도대장을 출동시켜 사정을 알아보니 1724년 영조 즉위 후 역적 혐의로 처형됐던 윤취상이라는 자의 아들 윤지尹志가 벌인 일이었다. 윤지 또한 그때 제주도로 유배됐다가 나주로 유배지를 옮긴 인물이었다. 일은 역모 사건으로 확대됐다.

체포된 윤지는 영조가 직접 심문했다. 나주는 물론 서울에 있는 소론 인사까지 두루 체포돼 고문을 받았다. 2월 25일 윤지는 끝까지 잘못을 인정하지 않고 곤장을 맞다가 죽었다. 3월 8일 영조가 창경궁에서 가마를 타고 남대문 밖 청파교까지 나가 그 아들 윤광철 목 베는 장면을 참관했다. 잘린 목과 팔, 다리(肢脚·지각)는 거리에 걸도록 명했다. 윤취상-윤지-윤광철로 이어지는 3대의 끔찍한 멸문이었다.[195]

두 달 뒤 영조는 역적 토벌을 기념하는 특별과거 '토역정시討逆庭試'를 실시했다. 영조가 직접 채점해 급제자 10명을 뽑았다. 그런데 답안지 하나를 영조가 읽다가 다 보지 못하고 상을 치면서 분노의 눈물을 흘리는 것이다.[196] 두 달 전 괘서 사건을 처리할 때 얼핏 보였던, 광기狂氣의 서막이었다.

역모 가득한 과거 답안지

제출한 답안지를 영조가 찬찬히 뜯어보는데, 답안지 하나는 그 아래쪽에 '파리 머리만 한 글씨'로 난언패설(亂言悖說:사리에 어긋나게 정치를 비난하는 글)이 가득 적혀 있었다. 때마침 시험장 감시관이 땅에 떨어져 있는 종이 한 장을 주워서 바쳤는데 '그 종이에도 음참한 글이 가득해 똑바로 보지 못할 뿐 아니라 마음까지 땅에 떨어질 듯하였고 눈물을 뚝뚝 흘리는 왕을 바라보며 신하들 또한 분통이 터져 죽을 지경이었다.' 더군다나 종이에는 함부로 적어서는 안 되는 선왕先王들 이름까지 적혀 있었다.[197]

답안지와 종이 주인은 1728년 무신란 때 처형당한 역적 심성연의 동생 심정연이었다. 난을 평정하고 27년이 지나고, 더군다나 막 발생했던 괘서 사건 처리 완료 기념 시험장에서 또 콤플렉스를 건드린 사건이 터진 것이다.

다음 날과 그다음 날 영조가 직접 행한 심문에서 심정연은 이리 말했다.

"내 일생 동안 가진 생각이기에 시험장에 들어오기 전 이미 써둔 글이다. 여하간 왕에게 음흉한 말을 했으니 내 흉한 마음이 탄로 났구나."

심정연 또한 남대문 밖 청파교에서 동일한 방법으로 복주伏誅됐다. 복주는 '역적 혐의로 처형했다'는 뜻이다.[198] 죽기 전 심정연은 공모자들을 자백했는데, 그 가운데 나주 괘서 사건 주모자 윤지의 사촌 윤혜尹惠가 끼어 있었다. 괘서 사건 마무리 경축 파티에 바로 그 괘서 사건 범인 무리가? 분기탱천한 왕은 지옥문을 열어버렸다.

지옥문이 된 남대문

창경궁 선인문 남쪽 궐내각사 내사복內司僕 마당으로 윤혜가 끌려왔다. 체포와 함께 압수해 온 문서 한 장에 역대 왕 이름이 줄줄이 적혀 있었다. 윤혜는 "내 아들 이름 지을 때 참고하려고 썼다"고 답했다. 진노한 영조가 붉은 방망이(朱杖·주장)로 매우 치라 명했다. 윤혜는 혀를 깨물고 묵비권을 행사했다. 그 모습을 지켜보던 노론 원로 영부사領府事(원로 벼슬) 김재로가 영조를 말렸다.

"전하께서 매양 급하시기에 실정을 알아내지 못하십니다."

그러자 영조가 소리를 질렀다.

"급하게 해도 실토하지 않는데, 느슨하게 하면 실토하겠는가!"

이성을 잃은 영조는 보여步輿를 타고 서둘러 궁궐을 나갔다. '보여'는 왕이 타는 가마 '연輦'보다 작은, 늙은 평민이 타는 가마다. 가마가 종묘에 이르자 영조는 가마에서 내려 땅에 엎드리며 "내 부덕함이 종묘에 욕을 보였으니 내가 어찌 살겠는가" 하고 울었다. 그리고 운종가 광통교에서는 구경 나온 노인들에게 이리 말했다. "올해에 내가 또 남문南門(남대문)에 가니, 너희들 보기가 부끄러울 뿐이다."199

남대문. 지옥문이었다. 이성을 찾으라는 원로의 말도 들리지 않았다. 그곳에서 벌어진 풍경은 이러했다.

왕이 갑옷을 입고 숭례문 누각에 나아갔다. 대취타大吹打가 울려 퍼지는 가운데 왕이 윤혜를 고문하라 명하며 "문서를 누가 썼는가" 물었다. 윤혜는 곧바로 "심정연이 짓고 내가 썼다"고 자백했다. 그러자 영조는 문무백관을 차례차례 기립하라 명한 뒤 훈련대장 김성응에게 윤혜를 참수하고 그 목을 매달아 바치라 명했다. 목을 바치는 의식을 '헌괵獻馘'이라고 한다.

목을 기다리며 왕이 울면서 말했다. "이 어찌 내가 즐거이 하는 일이겠는가!" 영의정을 지냈던 판부사 이종성이 왕을 뜯어말렸다. "하급 관리가 할 형 집행을 어찌 지존至尊께서 하시나이까." 그러자 영조가 상을 손으로 내리치며 고함을 질렀다. "그대는 나를 하급 관리 취급하는 것인가!" 그 자리에서 전직 영의정 이종성은 충주목으로 부처형付處刑(귀양형의 일종)을 받았다. 이어 헌괵이 늦어지자 영조는 훈련대장 김성응을 곤장을 치고, 충청도 면천군으로 부처형을 내렸다.

서울 남대문 아래 홍예문 천장에는 용이 그려져 있다. 용은 왕의 권위와 권력을 상징한다. 영조 때는 이 남대문 앞에서 역적 처형식이 열리곤 했다. 1755년 여름에 벌어진 처형은 권력 콤플렉스와 정통성 시비에 시달리던 영조의 광기가 적나라하게 폭발한 사건이었다.

실록에는 이렇게 기록돼 있다.

'이때 임금이 이미 크게 노한 데다가 또 자못 취해서(上旣盛怒且頗醉·상기 성노차파취) 윤혜의 목을 깃대 끝에 매단 뒤 문무백관에게 여러 차례 조리를 돌리게 했다. 그리고 작은 천막에 들어가 취해 드러누웠는데, 물시계가 인정人 定(밤 10시)을 알릴 때에도 취타는 그치지 않았다. 밤새도록 남대문 하늘 위로 취타 소리가 울려 퍼졌다. 왕은 날이 샐 무렵에야 천막에서 나와 취타를 그치 게 하고 갑옷을 입은 채 궁으로 돌아갔다.'²⁰⁰ 윤혜의 형제 셋도 이날 곤장을 맞다가 죽었다.

닫히지 않은 지옥문과 광기

'역적 소굴을 밝힐 일을 논하다', '복주되다', '효수하다', '국문하다', '국문하고 효시하다', '형신하다', '물고되다'…. 1755년 5월 『영조실록』 기사 제목들은 끔찍하다. 역적 혐의로 처형하고 목을 베고 고문 도중 죽고 목을 베 내걸고…. 이때 많은 소론少論이 역모에 연루됐다는 혐의로 이런 실록 기사의 주인공이 됐다. 소론은 이후 제대로 권력을 회복하지 못했고, 노론은 아주 오래도록 권력 중심을 차지했다.

그리고 아홉 달이 지난 1756년 2월 15일 서인 태두요 노론의 정신적 지도자 송시열과 송준길이 문묘에 종사됐다. 숙종 이래 노론당 숙원 사업이던 송시열 성인화 계획이 마침내 실현됐다.

그리고 8년이 지난 1764년 5월 15일 영조는 소론 영수였던 박세채 또한 문묘에 종사하라고 명했다. 그런데 그 전후 신하들과 나눈 대화가 의미심장했다. 영조가 이리 물었다. "송시열이 도통道統을 (소론 영수였던) 박세채에게 부탁했던가?" 예조판서 홍계희가 답했다. "세도世道(세상을 이끌 도리)를 부탁했습니다." 그러자 영조는 박세채 또한 문묘에 종사하라고 명했다.[201] 죽은 옛 노론 당수 송시열로부터 허락을 받았다는 뜻이다. 평생 콤플렉스에 시달린 왕, 그리고 그 권력을 지켜준 당과의 관계는 그러하였다. 땅의 역사

04 "나라 절반이 역적이 돼버렸나이다"

1728년 이인좌의 난과 도래한 노론 천하

전국에 흩어져 있는 토역(討逆) 기념비

경기도 안성 낙원동에 있는 공원 이름은 안성낙원역사공원이다. 여기에는 안성 도처에서 가져온 각종 공덕비가 모여 있다. 공원 한켠 관리실 옆에는 부러진 팔을 시멘트로 보수한 부처님이 앉아 있는데, 그 옆에는 큼직한 비석이 서 있다. 새겨져 있길, '朝鮮國四路都巡撫使吳公安城討賊頌功碑·조선국 사로 도순무사 오공 안성 토적 송공비'. 오명항이라는 사람이 안성에서 역적을 토벌한 기념으로 세운 비석이다. 영조 20년인 1744년에 세웠다.

저 남쪽 경북 성주 예산리 탑 거리에도 비석이 모여 있는데, 그 가운데 하나는 '성산기공비星山紀功碑: 인평부원군 충정 이공 무신기공비'다. 무신년 역적 퇴치에 공을 세운 이보혁을 기리는 비석이다. 세운 해는 정조 8년인 1784년이다. 또 더 남쪽으로 내려가면 황강을 내려다보는 경남 합천 함벽루 근처에도 비슷한 비석이 있다. 정조 14년인 1790년에 세운 이 비석 이름은 '합천군무신

경기도 안성에 있는 낙원역사공원에는 안성 곳곳에서 모아온 공덕비들이 서 있다. 1728년 남인과 급진 소론의 반란인 이인좌의 난을 평정한 '조선국 사로도순무사 오공 안성 토적 송공비'도 있다. 이인좌의 난은 영조의 정통성에 반기를 들고 노론 장기 집권을 타도하려던 반란이었다. 영조와 정조 정권은 이 난 평정을 기념하는 비석을 곳곳에 세웠다.

평란사적비陜川郡戊申平難事蹟碑', 1728년 무신년 합천군에서 벌어진 역란逆亂 평정 기념비. 원래는 대구에도 같은 비석이 있었는데 일제 때 사라졌다. 1780년 세운 그 비석 이름은 '평영남비平嶺南碑(영남 평정 기념비)'다.

전국을 들쑤시며 일어난 이 반란 사건은 1728년 벌어진 '이인좌의 난'이다. '무신란戊申亂'이라고도 한다. 영조 집권 초기, 정권의 비정통성에 반기를 든 소론 강경파와 남인들의 무장 권력투쟁이었다. 대실패로 끝난 이 반란은 결과적으로 노론 영구 집권으로 이어졌고, 그 잔당이 벌인 일이 '나주 괘서 사건'이었다. 그 처리 과정에서 보인 영조의 광기는 앞 장에서 본 바와 같다. 수사 기

경남 합천에 있는 합천군 무신평란 사적비

간 1년 동안 궁궐 앞마당을 250명에 이르는 사람들 피로 물들인, 조선왕조 최대 역모逆謀 이야기.

온건 소론의 집권과 급진 소론의 불만

'이복형 경종을 독살하고 노론과 함께 왕위에 오른 권력자'. 영조를 따라다니던 꼬리표였다. 지금은 야사野史로 취급받기도 하지만, 1724년 영조 즉위 당시 목숨을 걸고 대립하던 노론과 소론, 남인에게 '경종 독살설'은 권력 쟁취를 위한 제일의 명분이었다.

1623년 인조반정과 함께 권력을 잡은 서인西人은 숙종 때 노론과 소론으로 분열됐다. 영남을 기반으로 한 남인 세력은 권력에서 배제됐다. 그때 서인은 '우리 사림(서인)을 중용하자(崇用山林·숭용산림)'고 밀약했다.202 이후 권력은 서인 내부 노론과 소론 사이를 오갔다. 영조 대에 이르러 노론 권력이 공고화되고, 조선말까지 변함이 없었다. '당파를 초월해 인재를 등용한다'는 탕평책은 사실상 말뿐이었다. 그 끝은 정치 질서가 붕괴될 뻔한 사건이 이인좌의 난이었다.

1724년 노론과 연합해 권좌에 오른 영조는 3년 뒤 거듭된 노론의 간섭을 물리치고 소론 온건파를 정계에 복귀시켰다. '정미환국丁未換局'(1727)이라고 한다. 경종 독살설을 진실로 믿고 있던 소론 강경파는 만족하지 않았다. '소론 세력을 다 죽이자'는 노론 강경파에 대한 경고였을 뿐, 영조 권력 기반은 여전히 노론이었으니까.

반란 세력은 남인 이인좌가 지휘한 급진 소론·영남 남인 연합 세력이었다. 1728년 3월이다. 이들은 소현세자 증손자인 밀풍군 이탄을 왕으로 추대하고 전국에서 반란군을 일으켰다. "노론이 거사해 소론을 모조리 죽이기 전에 제압하기 위해"203 선수를 친 것이다.

대기근과 부패, 흉흉한 민심

마침 전국을 덮친 대기근도 이들에게는 반역을 위한 호기였다. 어느 정도였나 하면, 1725년 김제에서 어떤 아낙이 남편에게 "부엌 안에 개를 묶어놨으니 개 줄을 잡아당겨 죽여서 잡아먹자"고 한 뒤 부엌에 들어가 문을 닫았다.

이윽고 그녀가 신호를 보내니, 남편이 문밖에서 줄을 잡아당겨 개를 죽였다. 뿔뿔이 흩어지기 전 최후의 만찬 메뉴였다. 그런데 부엌에 들어가니 개는 없고 아내가 죽어 있었다.[204] 기근이 낳은 비극이었다. 굶주려 도적이 된 백성이 즐비했지만 수령 열 가운데 여섯, 일곱은 땅을 사고 새 집 짓는 데 여념이 없었다.[205]

그해 3월 반역 보고가 올라오자 영조가 이리 말했다.

"백성들 고통이 거꾸로 매달린 듯한데 간사한 무리들이 이를 헤아려 난동을 일으키는구나."[206]

이인좌 무리는 민심을 잡기 위해 '모든 세금을 감면하고(除役減役·제역감역)' '고을 수령은 죽이지 말고(不殺邑倅·불살읍쉬)' '백성은 단 한 명도 죽이거나 겁탈하거나 재물을 빼앗지 말라'고 반란군에 지시했다.[207]

나라 절반이 역적이 되었다

경남(경상우도)과 호남, 충청에서 동시다발로 거병한 반란군은 순식간에 경기도 안성까지 북상했다. 충청에서는 남인 이인좌가, 경상에서는 남인 조성좌와 정희량, 호남에서는 소론인 태인현감 박필현이 지휘했다. 한마디로 '난적亂賊 토멸과 종사宗社 안정을 위해 문관과 무관, 남인·소북小北·소론을 막론하고 동시에 거의한' 조선왕조 최대 규모 반란이었다.[208] 난을 진압한 뒤 노론이었던 영남 안무사 박사수 또한 영조에게 이렇게 보고했다.

"나라 절반이 역적이 돼버렸나이다(半國爲逆·반국위역)."[209]

반란 첩보가 올라온 그해 3월 14일 한성 나루터들은 몰려드는 피란민으로 길이 막혔다. 이미 반란군과 정보를 교환한 도성 내 소론들이 난리를 피하려

몰려간 것이다.[210] 3월 15일 이인좌 군이 청주성을 접수했다. 19일과 20일 정희량과 박필현이 군사를 일으켰다.

온건 소론이 앞장선 토벌 작전

한성 진입이 초읽기에 들어간 3월 17일 뜻밖에도 소론인 병조판서 오명항이 토역을 자처했다. 영조는 즉각 이를 수용하고 역시 소론인 박문수를 종사관으로 임명했다. 사로도순무사四路都巡撫使 오명항은 '경기도 직산으로 출정한다'는 거짓 정보를 흘리며 경기도 안성에 부대를 매복시켰다. 이인좌 군이 직산을 피해 안성에 접근할 때까지 오명항은 '코를 골며 자는 척하다가 거리가 1백여 보가 될 무렵에야 신기전을 쏘며 적을 물리쳤다.'[211] 체포된 이인좌

―
경기도 안성 객사

는 현장에서 능지처사됐다.

오명항은 경상도에서 토벌 작전을 벌이던 박문수와 성주 목사 이보혁과 합류해 정희량 부대를 격파했다. 현직 현감이 거병했던 호남 또한 한 달이 못 돼 진압됐다. 한 줌 반정 세력이 주도한 중종반정(1506), 인조반정(1623)과 달리 나라 절반이 가담한 초대형 반란이었지만, 결국 실패였다. 4월 19일 사로도순무사 오명항이 남대문으로 개선했다. 영조는 남대문 문루에 올라 이들을 맞이했다. 오명항은 황금투구를 쓰고 붉은 갑옷을 입고서 반군 지휘관 정희량, 이웅보, 나숭곤의 목을 상자에 담아 영조에게 헌괵獻馘(목을 바침)했다. 이미 엿새 전 서울로 보내와 소금에 절여 훈련도감 화약고에 보관돼 있던 목들이었다. 영조는 이 목들을 장대에 걸라고 명했다.[212]

도살장으로 변한 창덕궁

'무신역옥추안'은 무신란에 가담한 반란군 심문 기록이다. 난 발발 직후인 1728년 3월 16일부터 1729년 3월 24일까지, 전사자 및 즉결 처형자를 제외한 중죄인 291명 명세가 적혀 있다. 이들은 창덕궁을 위시한 궐내에서 열린 추국청 조사를 받았다. 영조가 직접 심문하기도 했다. 신분을 보면 291명은 사대부 173명, 군관 6명, 중인 10명, 평민 4명과 노비 12명, 미상 86명이었다. 사회개혁을 꿈꾸는 하급민보다 권력 쟁취를 원하는 사대부가 절대다수였다. '경종 독살 혐의'라는 역린逆鱗을 건드린 반역자들이었다.

영조는 무자비했다. 291명 가운데 159명이 죽었다. 능치처사형으로 48명, 참수형으로 24명, 교수형으로 3명이 처형됐다. 조사가 조금이라도 더디면 영조는 "이 무더운 날에 7~9회까지 심문하는 건 무능한 일이니 더 엄히 심문하라"고 독려했다.[213] 결국 사망자 가운데 절반이 넘는 84명이 재판도 받지 못하고 물고됐다. 고문사拷問死했다는 뜻이다.

벼슬길 막힌 영남 남인들

반역향으로 낙인찍힌 영남은 오래도록 벼슬길이 막혀버렸다. 영조는 "영남은 본디 추로鄒魯(공자와 맹자)의 땅이므로 차별 없이 등용하라"고 선언했지만 실상은 그렇지 못했다. 반란 평정 5년 뒤인 1733년 공신 박문수는 "탕평이란 이름은 있고 실적이 없다"고 비판했다.[214] 이듬해 이조판서 송인명은 "영남인은 벼슬 추천을 받아도 등용이 안 된다"고 보고했다.[215] 1737년 좌의정 김재로는 "조정에서 영남인을 다른 도와 차별하니 마땅치 않다"고 보고했다.[216]

반란 17년 뒤인 1745년 영조가 문득 이리 물었다. "지금도 영남인은 '백의白衣'를 입고 재를 넘는 자가 없는가?" 영남 심리사 김상적이 이렇게 답했다. "영남인들 소원은 일개 진사進士가 되기에 그칩니다."[217] 벼슬을 받고 관복을 입은 사람이 영남에는 없고, 그래서 콧대 높은 영남 사람들이 벼슬 없이 평복을 입고는 죽령을 넘지 않는다는 말이었다. 그래서 벼슬길이 하도 막혀서 진사나 되는 게 소원이라는 말이었다.

인조~경종 연간 당색별 당상관 배출 인원은 서인 76%, 남인 13%, 북인 11%이었다. 그런데 영조~정조 연간에는 노론 81%, 소론 14%, 북인 4%, 남인 1%였다. 이후 순조~고종 때는 노론이 83%, 소론 12%에 북인은 3%이며 남인은 2%였다.[218] 말 그대로 노론 천하였다. 그 아득한 세월 동안 천하를 집어삼킨 노론들이 전국 각지에 자랑스럽게 세운 기념물이 저 토역討逆 기념비들이다. 땅의역사

05 | "아, 나는 사도세자의 아들이니라"

금등지서의 비밀과 사도세자의 화성 융릉

한가위를 7일 앞둔 1793년 8월 8일 왕위에 오른 지 17년이 된 노련한 국왕 정조가 문서 한 장을 꺼내 읽는다. 듣는 사람은 전현직 대신과 기타 문무 관료들이다. 내용은 이러했다.

"피 묻은 적삼이여 피 묻은 적삼이여, 오동나무여 오동나무여, 그 누가 충신인고. 내 죽은 자식 그리워 잊지 않노라."[219]

필자는 선왕인 영조였고, 아들을 죽인 사실을 후회한다는 내용이었다. 정조는 1776년 3월 자기가 왕위에 오르고 두 달 뒤 이미 이 문서를 알고 있었다고 덧붙였다. 사도세자 죽음을 방조, 묵인, 사주했던 노론 세력은 목에 칼이 들어오는 느낌이 들었으리라. 사사건건 국책사업에 시비를 걸던 노론은 입을 꿰매고 정조에게 무릎을 꿇었다.

오랜 세월 정조가 숨겨뒀던 이 문서를 '금등지서金縢之書'라고 한다. 금등지서는 '쇠줄로 단단히 봉한 상자에 넣은 비밀문서'를 뜻한다. 정조는 등극과 함께 확보한 이 문서를, 가장 필요한 때까지 숨겨뒀다가 공개한 것이다. 다섯 달이 지난 1794년 1월 25일 정조의 야심 찬 신도시 화성 행궁 터 닦이 작업이 시작됐다. 화성으로 이장한 아비 사도세자 옆에 신도시를 건설하겠다는 것이다. 금등지서에서 화성 신도시까지 숨 막히게 벌어졌던 왕실 권력 투쟁 이야기.

——
사도세자 무덤인 경기도 화성 융릉은 홍살문-정자각-봉분 배치가 일직선이 아니다. 봉분이 한쪽으로 치우쳐 있고 방향도 다르다. 아버지 사도세자 복권을 필생의 업으로 삼은 정조가 '천 년 만에 있을 길지'를 고른 끝에 내린 풍수학적인 배치다. 정조는 세자를 죽인 영조가 적어 내린 한(恨)을 품은 문서 '금등지서'를 17년 동안 숨겨놓고 노론 눈을 피해 아버지 복권 작업을 벌였다.

"세손은 정치 알 필요 없음"

1764년 2월 20일 영조는 자기가 뒤주에 가둬 죽게 만든 사도세자 아들 이산李祘('이성'으로도 읽을 수 있다)을 세손에 책봉했다. 그날 그가 손자에게 이리 물었다.

"혹 사도세자 일을 말하는 자가 있다면 옳은 일이냐, 그른 일이냐?"

세손이 답했다. "그른 일이옵니다."

왕이 거듭 물었다. "그렇다면 군자냐 소인이냐?"

손자가 답했다. "소인입니다."

영조는 이 대화를 실록에 기록하라고 지시했다.[220] 앞에서 보나 옆에서 보나 불상사인 사도세자 죽음을 재론하지 말라는 엄중한 명이었고, 세손은 명에 순종했다.

11년 뒤인 1775년 영조는 노쇠함을 견디지 못하고 세손 이산에게 대리청정을 하겠다고 선언했다. 그러자 노론 세력이 이렇게 답했다.

"성상께서 안색이 좋아지셨으니 그러실 이유가 없습니다. 세손은 노론, 소론도 알 필요 없고 이조판서나 병조판서를 알 필요도 없으며 조사朝事(조정 일)도 알 필요 없습니다."[221]

당정도 국정도, 조정 일도 알 필요 없고 모든 정치는 자기들이 다 하겠다는 뜻이었다. 이른바 '삼불필지지설三不必知之說'이다. 열흘 뒤 영조가 "팔십 노인이 기력이 쇠했다"며 다시 대리청정 뜻을 밝혔다.

아니 될 일이었다. 아비 영조로 하여금 사도세자를 뒤주에 가두고 죽이게 만든 세력이 바로 이 노론이 아닌가. 아무리 '재론 불가' 서약을 했어도, 그 아들이 세손이 되었고, 영조가 죽기 전 그 세손이 권력을 접수하게 되면 노론에는 가늠할 수 없는 거친 피바람이 몰아닥칠 판이었다.

삼불필지를 주장했던 좌의정 홍인한은 아예 왕명을 적어 내리는 승지 앞을 가로막고 왕명을 듣지도 글을 쓰지도 못하게 막아버렸다.[222] 뒤주에 갇혀 죽어가는 아비를 목격했던 세손, 미래에 왕위를 이어받을 세손은 왕 앞을 가로막는 저 노론 대신들을 옆에서 지켜보았다.

"나는 사도세자의 아들이다"

이듬해 영조가 죽고 정조가 경희궁에서 즉위했다. 의례적인 교문을 반포하고 대사면령을 내린 정조는 빈전 앞뜰에서 대신들을 접견하며 이렇게 일성을 던졌다.

"아(嗚呼·오호), 나는 사도세자의 아들이다."[223]

망나니 칼 수십 개가 한꺼번에 노론 대신들 귀에 박혔다. 넋이 반쯤 나간 채 와들와들 떨어대는 대신들에게 정조가 말을 이었다.

"하지만 불령한 무리들이 사도세자를 추숭追崇하자고 의논한다면 선대왕 유언에 따라 형률로 논죄하겠다."

노론은 지옥문을 순식간에 왕복하고 돌아왔다. 사도세자 죽음을 둘러싼 의혹과 의문에 더 개입하지 않겠다는 말이었으니, 노론에게는 대사면령보다 더 기쁜 복음이었다.

한 달이 채 안 된 4월 7일 정조는 자기 대리청정을 극렬 반대했던 노론 홍인한을 여산으로 유배 보낸 뒤 사약을 먹여 죽여버렸다.[224] 노론 넋을 끄집어냈다가 집어넣었다가 또 멱살을 잡고 흔들어대는 국왕 앞에서 노론은 오래도록 정신을 차리지 못했다.

사도세자 묘 이장과 융건릉

이미 등극과 함께 노론을 휘어잡은 정조는 이어 아버지 사도세자 묘 이장을 시도했다. 경기도 화성으로 옮기기 전 사도세자 묘는 양주 배봉산에 있었다. 묘는 수은묘垂恩墓라 불렸다.

즉위 한 달 전 왕세손 신분으로 정조는 수은묘에 참배를 하고 '목이 메어 좌우를 감동시킬 정도로 눈물을 흘렸다.'225 아버지 사도세자가 뒤주에 갇혀 죽은 뒤 처음으로 행한 참배였다.

즉위 9일 후 정조는 그때까지 관리자가 없던 수은묘에 수봉관을 두고 다음날에는 수은묘를 영우원永祐園으로 격상시켰다. 존호 또한 사도思悼에서 '장헌莊獻'으로 바꿨다.226 사도라는 시호는 죽은 세자를 애도한다는 뜻이 아니다. '追悔前過曰思, 年中早夭曰悼·추회전과왈사연중조요왈도(자신의 과오를 반성하고 일찍 죽었다)'는 말이다. 그러니까 '사도' 세자는 '반성한 나쁜 놈'이라는 뜻이다.

그런데 수은묘는 풍수상 좋은 자리가 아니었다. 봉분 뗏장이 말라 죽고 청룡 혈이 휑하니 뚫려 있는가 하면 정자각 기와에는 뱀이 살았다. 정조는 곧바로 묘를 이장하려 했지만 노론 눈치를 볼 수밖에 없었다. 실록에는 '즉위 초부터 이장할 뜻을 가졌으나, 너무 신중한 나머지 세월만 끌어온 지가 여러 해 되었다'라고 기록돼 있다.

이후 자그마치 13년 세월이 흘러 금성위 박명원이 상소를 했다. 박명원은 사도세자 누나 화평옹주의 남편이니 정조에게는 고모부다.

"죽음을 무릅쓰고 아뢰나이다. 영우원 안부를 걱정하느라 깊은 궁중에서 눈물을 뿌리신 것이 얼마인지 모르며, 봄비와 가을 서리에 조회에 임해서도 자주 탄식하셨다는 것을 여러 번 들었나이다. 천장을 결정하시라."

정조가 말했다.

"내가 어리석게도 지금까지 가슴속에 담아두고 답답해하기만 한 문제였다."[227]

13년을 기다린 상소였다. 마침내 자기 아버지 묘를 옮길 수 있게 된다는 생각에 정조는 흥분을 감추지 못했다.

"내가 원래 가슴이 잘 막히는데, 지금 가슴이 막히고 숨이 가빠 말이 나오지 않는다. 잠시 쉬도록 하자."

잠시 뒤 정조 입에서 너무나도 전문적인 풍수 이론과 배봉산 불가론 논리가 술술 튀어나왔다. 정조는 고려 때 풍수가 도선의 말까지 인용하며 "나의 뜻은 천 년에 한 번 만날까 말까 한 수원으로 결정하였다"라고 선언했다.[228]

그해 사도세자 묘를 이장하게 된 이론적 배경과 화성 입지에 대해 정조가 쓴 '천원사실遷園事實'은 한자로 2만 자가 넘었다. 게다가 정조는 "올해가 모든 운이 길한 해라 즉위 때부터 이날만을 기다려왔다"고 했다. 길년吉年을 잡아두고 자그마치 13년 동안 묘 이장에 대해 만반의 준비를 해왔다는 뜻이다. 자기 고모부가 상소를 올리기 전 이미 긴밀한 사전 협조를 거쳤음을 뜻하는 글이기도 했다.

그리되었다. 찌는 여름날 창경궁 문정전 앞뜰에서 뒤주에 갇혀 죽은 아비 사도세자가 형편없는 못자리를 떠나 보무도 당당하게 왕릉에 버금가는 유택幽宅으로 천장을 하게 된 것이다. 이후 천장 작업은 일사천리로 진행됐다.

석 달 뒤인 10월 4일 사도세자 유해를 담은 영가靈駕가 배봉산을 출발했다. 10월 16일 천장이 완료됐다. 정조는 새 못자리 이름은 현륭원顯隆園으로 개칭

창경궁에 있는 문정전. 1762년 여름, 이 앞뜰에서 사도세자가 뒤주에 갇혀 죽었다.

했다. 현륭원은 1899년 스스로 황제가 된 고종에 의해 융릉隆陵으로 격상되고 사도세자 또한 황제로 추존됐다.[229]

화성신도시 건설과 금등지서

끝이 아니었다. 재위 기간 내내 사도세자 복권을 꿈꿨던 정조는 더 큰 그림을 그리고 있었다. 박명원 상소가 올라온 그날 정조는 천장을 결정하며 이렇게 선언했다.

"천장을 할 그 고을 백성을 안정시키고 고을을 옮길 계획을 세우라. 백성을 옮길 일은 이미 계획돼 있느니라."

바로 노론이 득실거리는 수도 한성을 떠나 국왕으로 권력을 마음껏 과시할 신도시 건설계획이었다. 천장 결정 나흘 뒤 새로운 능묘 주변인 수원도호부 백성을 모두 10리 북쪽 팔달산 아래로 이주시켰다. 이주대상인 244가구는 모두 후하게 이주비를 보상받았다. 그리고 능묘 주변에 새로운 도시를 건설하니, 그 도시가 화성이다.

신도시 건설 디자인은 규장각 초계문신인 정약용이 맡았다. 1793년 1월 12일 정조는 수원부를 화성으로 개칭하고 부사를 유수로 승격시켰다. 그날 판중추부사 채제공을 수원 유수로 전격 임명했다. 그해 4월 정약용이 행궁 건설계획서를 제출하자 정조는 채제공을 영의정으로 임명했다.[230]

사흘 뒤 영의정 채제공이 작심하고 상소문을 올렸다.

"극악무도한 자들의 지친과 인척들이 벼슬아치 목록을 꽉 메우고 있다. 사도세자를 추숭하고 저들을 처벌하시라."[231]

현장감독 정약용도, 영의정 채제공도 모두 남인이었다. 화성을 길지라고 주장한 윤선도 또한 남인이었고 수원을 옮겨야 한다고 주장했던 유형원 또한 남인이었다. 그 남인의 수장 채제공이 '조정에 가득한 극악무도한 자들을 처단하라'고 주장한 것이다.

피 냄새가 조정에 넘실거렸다. 노론인 좌의정 김종수는 "채제공이 역적 앞잡이가 되려고 한 것이 명약관화"라며 감옥에 스스로 들어가 상소를 올리며 저항했다. 거듭된 논란 속에 정조는 영의정과 좌의정을 동시에 파직해 버렸다.[232]

노론 저항은 끊이지 않았다. 마침내 추석 일주일 전, 정조가 문무백관을 모아놓고 이렇게 말했다.

"좋지 못한 꼴을 보다 못해 경들을 불렀다. 영조께서 당시 도승지였던 채제공을 휘령전徽寧殿으로 부른 적이 있었다."[233]

휘령전은 창경궁 문정전을 가리킨다. 문정전은 사도세자 죽음 직후 위패를 모신 혼전으로 사용됐다.

"그때 영조께서 친필 문서를 채제공에게 주며 위패 아래 방석 속에 감춰두라고 했다. 그 문서가 이 문서다."

그리고 정조가 보여준 글이 이 글 맨 앞에 나왔던 '피 묻은 적삼'이었다.

"내 즉위 직후 채제공이 이 문서에 대해 나에게 이야기했느니라. 채제공 상소는 바로 이 문서에서 연유한 것이니 입 다물라. 오늘 이후 시끄럽게 구는 일이 있으면 한 사람 한 사람 일일이 다스릴 것이다."

즉위 일성이었던 '사도세자의 아들', 노론 대신 홍인한의 처형과 현륭원 천장, 남인 중용에 이어 노론에게 던진 최후의 경고였다. 목이 절반쯤 달아난 노론은 더 이상 입이 열리지 않았다.

다음 날 정조는 보란 듯이 사도세자 사당인 경모궁에 참배했다. 이듬해 1월 13일 정조는 화성 현릉원에 행차했다. 향을 피우며 흐느끼는데, 감정을 삭이듯 낮은 소리로 울었다. 무덤가로 올라가서는 목이 메어 오열했다.[234] 화성 신도시는 예정대로 진행됐고 행궁은 일사천리로 준공됐다. 이상 아버지 사도세자 죽음에 맺힌 한이 신도시 개발로 이어진 '금등지서' 이야기였다. 땅의역사

06 "내 아버지처럼 나도 군복을 입고 산성에 올랐느니라"

사도세자 아들 정조가 은폐해 버린 기록들

재위 15년째인 1791년 마침내 화성으로 이장한 사도세자에게 정조가 첫 참배를 떠났다. 무덤 이름은 현륭원이다. 사도세자에게는 일찌감치 장헌이라는 존호를 올렸다. 출발 전 정조는 이렇게 하명했다.

"옛날 온천에 행차할 때도 평융복平戎服을 입기도 하고 혹은 군복을 입기도 했다. 앞으로 현륭원에 행차할 때 복장도 이대로 해야겠다."235

평융복 또한 군복 일종이다. 1월 16일 한성을 출발한 참배 행렬은 진눈깨비 속에 수원부에 도착했다. 다음 날 정조는 현륭원에 올라 제사를 올린 뒤 18일 궁으로 돌아왔다. 뒤주에 갇혀 죽은 전주 이씨 왕실 비극의 주인공은 그렇게 공식적으로 복권됐다.

그리고 4년 뒤 어머니 혜경궁 홍씨 회갑을 맞아 정조가 화성으로 행차를 한다. 어머니가 탄 가마가 앞서고 군복을 입은 정조가 백마에 올라 뒤를 따랐다. 윤2월 꽃들이 만발한 봄날이었다.

경기도 팔달산 수원화성에 있는 화성장대. 장대는 군사작전을 지휘하는 사령부다. 정조는 화성 신도시를 건설하고 어머니 혜경궁 홍씨와 함께 사도세자가 묻힌 현륭원(현 융릉)에 참배한 뒤 화성장대에서 야간 군사 훈련을 지휘했다. 많은 의혹 속에 뒤주에 갇혀 죽은 사도세자는 아들 정조에 의해 상당량의 사료가 왜곡되거나 삭제되고, '무사 기질과 현명함을 갖춘' 군주로 변신했다. 현륭원 참배길에 정조는 어김없이 '그 아버지를 기억하기 위해' 군복을 입고 말에 올랐다.

참배를 마친 그날 밤 정조가 황금 갑옷으로 갈아입고 화성 산성에 올라 야간 군사 훈련을 벌였다. 훗날 정조가 '화성장대'라 명명한 서쪽 지휘소, 장대將臺에서 포성이 울리자 화성 동서남북문에서 잇따라 청룡기와 주작기와 백호기와 현무기가 나부끼고 포를 응사했다. 발아래에는 야심작인 신도시 화성이 펼쳐져 있었다. 장관이었다. 만족한 정조가 시를 썼다.

'한나라 고조 대풍가 한 가락을 연주하니 붉은 해가 비늘 갑옷에 있구나'
大風歌一奏 紅日在鱗袍·대풍가일주 홍일재린포236

위 글에 나오는 '장헌세자'와 '온천행차'와 '화성장대의 장엄함'에는 몇 가지 정조가 은폐해 버린 진실이 숨어 있다. 그 진실 이야기.

사라진 진실 1: 『승정원일기』

왜 영조가 친아들을 뒤주에 가둬 죽였나. 그 질문에 대한 답은 여러 종류다. 당쟁 희생물이라는 말도 있고 아들 사도세자가 비정상적인 광기를 보인 탓에 그렇게 됐다는 분석도 있고 반역을 기도하다가 실질적으로 처형됐다는 말도 있다.

영조가 나서서 탕평책을 쓸 정도로 당쟁은 극심했다. 대리청정을 하는 세자에게 사사건건 노론이 시비를 건 흔적도 보인다. 세자가 광기 속에 여러 목숨을 앗았다는 기록도 있다. 그 기록들이 저마다 당파가 다른 입장에서 쓰인 기록들이라 명쾌한 파악이 쉽지 않다. 불리한 사실을 왜곡하거나 은폐한 흔적들도 숱하게 보인다.

그런데 실록에 기록돼 있는 '공개적인' 왜곡 혹은 은폐 흔적이 있으니, 바로 사도세자 사망 직후 그 아들 이산(정조)에 의해 시도된 왜곡이다.

정조릉인 건릉 봉분에서 바라본 정자각. 생전에 사도세자를 항상 염두에 뒀던 정조는 사후에 아버지 옆에 묻혔다.

1776년 2월 4일 왕세손 이산이 관료들 앞에서 펑펑 울면서 하소연했다. 처음으로 자기 아버지 사도세자 묘인 수은묘에 참배를 하고 온 날이었다.

"『승정원일기』에 차마 들을 수 없고 차마 볼 수 없는 말이 많이 실려 있다. 이것을 버려두고 태연하게 여긴다면, 이것이 어찌 아들의 도리겠는가?"

그리고 왕세손은 곧바로 할아버지 영조에게 상소를 한다. 내용은 이러했다.

"실록 기록은 영원히 남아 있으니『승정원일기』에서만은 (사도세자 부분을) 삭제해 주소서."

그날 영조는 뒤주에 갇혀 죽기까지 경위를 적은『승정원일기』를 세초洗草 (물에 씻어 없애버림)하라고 지시했다. 그리고 말했다.

"『승정원일기』는 천민도 다 보고 사람들 이목을 더럽히며 죽은 사도세자가 보면 눈물을 머금을 것이다."[237]

그 흉악한 날에 대한 기록은『승정원일기』에서 영원히 사라졌다. 한 달 뒤 영조가 죽었다.

사라진 진실 2: 실록

사도세자가 뒤주에 갇히던 1762년 윤5월 13일 자『영조실록』은 이렇게 끝난다.

"이때에 밤이 이미 반이 지났다. 임금이 전교를 내려 중외에 반시했는데, 전교는 사관史官이 꺼려하여 감히 쓰지 못하였다(傳敎史官諱而不敢書·전교사관휘이불감서)."

이날 밤 영조가 내린 전교는 세자를 서인으로 강등시키는 이유를 담은 '폐세자반교'다. 이리저리 얽혀 있는 사도세자 죽음의 원인을 가장 명확하게 알 수 있는 자료인데, 이 반교문이 '사관이 꺼려서' 삭제된 것이다. 다행히 다른 문집에 기록된 반교문에는 이렇게 적혀 있다.

'백여 명에 이르는 사람을 죽이고 불로 지졌고 주야로 음란한 짓을 (하라)'[238]

사도세자가 영조에게 반역을 기도했다는 내용까지 적힌 이 반교문이 실록에서는 사라져 있다. 이는 "『승정원일기』를 삭제해도 실록에는 기록이 남는다"는 왕세손과 영조 논리에 맞지 않는다. 실록 사관마저도 이 기록을 삭제해버린 것이다.

어찌 보면 이는 당연한 결과였다. 『영조실록』은 정조 때 편찬됐다. 『영종대왕실록청의궤』에 따르면 정조는 편찬 작업 당시 이렇게 명했다.

"1758~1762년 사이 각 부서 업무 기록과 『승정원일기』에는 사람들 눈을 어지럽힐 부분이 있으니 당분간 꺼내지 말라."

그리고 이 기간 사료 분류 작업을 담당한 사람은 이휘지라는 인물 한 사람이었다.[239] 집단적 취사선택으로 이뤄지는 실록 편찬 작업이 사도세자와 영조 사이 갈등이 극단으로 치닫던 시기만은 한 사람에 의해 단독으로 진행됐고, 그마저 어명에 의해 진행이 늦춰진 것이다. 이유는 '사람들 눈을 어지럽힐 부분이 많으니까.'

이미 영조 또한 『승정원일기』 세초를 명하면서 "『승정원일기』를 누가 보게 되더라도 다시 그 글을 들추는 자는 흉악한 무리로 엄히 징계한다"고 경고했었다.[240] 그리하여 『승정원일기』에 이어 실록에서도 가장 중요한 부분은 사라지고 말았다.

사라진 진실 3: 영조가 쓴 묘지명

즉위 열흘 뒤 정조는 영조로부터 '사도思悼'라는 시호를 받았던 자기 아버지에게 '장헌莊獻'이라는 존호를 추가했다. 사도는 무엇이고 장헌은 무엇인가. 사思는 '추회전과追悔前過(지난 과오를 뉘우침)'이다. '도悼'는 '연중조요年中早夭(일찍 죽음)'다. '사도'는 '죄를 뉘우치고 일찍 죽었다'는 뜻이다. 아들 정조에게는 끔찍하기 짝이 없는 시호다. 정조는 즉위와 함께 아버지에게 '무인武人 기질을 지닌 총명한 사람'을 뜻하는 '장헌'으로 존호를 올렸다.

그리고 양주 배봉산에 있던 사도세자묘 수은묘를 영우원으로 격상한 뒤 이를 화성 현륭원으로 천장했다. 그때 천장 기록이 매우 의미심장하다.

배봉산 사도세자묘 관을 꺼내던 날, 묘 속에서 영조가 직접 쓴 묘지문이 발굴됐다. 묘지문은 무덤 주인의 행적을 기록해 함께 묻은 기록이다.[241] 그런데 영조 때 『승정원일기』에는 '영조가 묘지문을 구술했다'는 기록만 있고 내용은 삭제돼 있다. 이 또한 사라진 것이다.

그리고 정조는 본인이 새로운 묘지명을 작성하면서 '한 글자를 쓰면 쓰는 대로 감추고 비문이 완성되자 곧바로 묘 속에 묻어버려 세상 사람들이 내용을 알지 못했다.' 그 덮개에는 '장헌세자 현륭원지'라고 새겼는데, 현장에서 '사도'라는 글자가 빠졌다고 하자 그제야 몰랐다는 듯 추가하라고 명했다.[242]

정조 생전에는 아무도 몰랐던 이 묘지문 내용은 정조가 죽고 난 뒤 출간된 정조 문집『홍재전서』에야 수록됐다. 정조의 명(혹은 묵인)에 의해 다시 배봉산 옛 무덤에 묻힌 영조 묘지문은 1968년 기적적으로 배봉산 땅속에서 발견됐다. 묘지문에는 이런 내용이 들어 있었다.

'무도한 군주가 어찌 한둘이오만 세자 시절 이와 같다는 자의 얘기는 내 아직 듣지 못했다.'

황금갑옷과 군복과 온천

아버지와 갈등 끝에 말기에 광증과 기행을 보이다 죽은 세자는 그렇게 무사 기질을 가진 위풍당당한 비운의 군주로 둔갑했다. 그리고 앞 장에서 봤듯, 1793년 정조는 '영조 선대왕 또한 세자 죽음을 후회했다'는 내용을 담은 '금등지서'를 공개하면서 자기 판단과 주장에 대한 반론을 결정적으로 봉쇄해 버렸다.

그리고 그가 군복을 입고 자기 아버지를 찾아간 것이다. 왜 군복이었나.

1796년 정조가 다시 화성으로 행차를 한다. 참배 후 귀경길에 발길이 떨어지지 않았는지, 이리 시를 읊는다.

오늘 또 화성에 와보니
궂은 비는 침원에 부슬부슬 내리고
이 마음은 재전을 끝없이 배회하누나

영조가 쓴 사도세자 묘지문

그리고 그가 말을 이었다.

"1760년 (내 아버지가) 온천에 행행하실 때 군복을 입으셨다. 기유년 이후 내가 참배할 때 군복을 입은 것은 제대로 그리지 못한 아버지 영정을 이어서 그리겠다는 뜻이다(必用軍服 蓋出於追述之意也·필용군복개출어추술지의야)."243

기유년은 배봉산에 있는 사도세자묘 천장을 결정한 1789년이다. 1760년 온천 행행은 사도세자가 군사 호위 속에 온양온천으로 행차했던 사실을 가리킨다. 한해 전인 1795년부터 정조는 이 온천 행차를 세세히 조사해『온궁사실』이라는 책을 편찬하기도 했다.

정조는 이 온천 행차를 아버지 사도세자가 '수원부 산성에서 군사를 사열

하고 연도에서는 민심을 청취한 뒤 행궁에서는 날마다 경연을 열었던' 행차로 기억한다.[244]

위풍당당하게 군사를 지휘하고 민심을 묻는 그 모습. 누구인가. 바로 정조다. 그 풍경이 무엇인가. 백마를 타고 군복을 입고 장엄한 행렬 속에 산성에 올라 수천 병졸을 지휘하고 연로에서 민심을 직접 듣는 화성행궁 행차 풍경이다. 사도, 아니 장헌세자가 아들 정조로 환생한 것이다. 사도세자 죽음의 진실은 중요한 일이 아니었다. 그가 창조해 낸 장헌세자가 스스로에게 환생했으니까. 땅의 역사

07 | "책 팔아 잔뜩 밥해 먹고 자랑하고 나니 서글퍼졌소"

간서치(看書痴·책 바보) 이덕무의 죽음

이산에서 이성으로, 이름을 바꾼 왕

정조가 즉위한 1776년 5월 22일 조선 정부는 호조에 속한 공무원 '산학산원算學算員' 명칭을 '주학계사籌學計士'로 바꿨다. 충남 논산에 있는 '이산尼山'이라는 지명은 '이성尼城'으로 고쳤다.[245] 정조 이름은 '李祘'이었는데, 이 '祘'자 발음이 '산'이었다. 그래서 같은 발음인 산학산원과 이산의 '산'을 바꿔버린 것이다.[246]

1800년 7월 정조가 죽고 즉위한 아들 순조는 이성尼城으로 개칭된 이산을 이번에는 '노성魯城'으로 고쳤다. "선왕 이름과 음이 비슷하다"는 이유였다. 9일 뒤 대사헌 이성보李城輔가 자기 이름을 '직보直輔'로 개명하게 해달라고 상소했다. 이 또한 정조와 이름 발음이 같다는 게 이유였다.[247] 그러니까 이때는 정조 이름 '李祘' 발음이 '이산'이 아니라 '이성'으로 바뀌어 있었다는 말이다.

이보다 4년 전인 1796년, 정조 명에 의해 편찬된 중국어 발음 사전 '어정규

정조의 이름 '李祘'을 '이산'이 아닌 '이성'으로 표기한 『어정규장전운(御定奎章全韻)』 이덕무가 제작 책임자였다. [한국학중앙연구원 디지털 장서각]

장전운御定奎章全韻'에는 이 '祘'을 '임금 이름에 쓰는 글자(御諱·어휘)'라고 소개하고 그 발음을 '성省'이라고 적고 있다. '산'이 아니라 '성'. 자손 번성을 위해 자손이 많은 서성徐渻(1558~1631)이라는 인물 이름으로 발음을 교정했다는 분석도 있다.248

정조는 그렇게 이름을 스스로 바꿀 정도로 변화에 적극적이었던 왕이었다. 실제로 많은 변화가 그 시대에 벌어졌다. 이 장에서 할 이야기는 그 변화 가운데 조선 망국 때까지 사회를 갉아먹었던 서얼庶孼 문제와 책 바보 이덕무 이야기다.

"첩 자식도 관직에 등용하라"

즉위 이듬해인 1777년 3월 21일 정조는 문무관 인사 담당 부서인 이조와 병조에 이리 명했다.

"첩 자식 숫자가 몇 억만 되겠느냐. 그중에 쓰임이 될 사람이 있을 터인데 쓰지 않았으니 모두 바짝 마르고 누렇게 뜬 얼굴로 나란히 죽고 말 것이다. 등용하라."[249]

어명을 받은 이조는 서둘러 서얼 등용 대책 보고서를 올렸다. 보고서는 이렇게 시작했다.

'처음 한 사람의 건의에 의해 이루어진 것이지만 결국은 백 년의 고질적인 폐단이 되고 말았다.'

그 '처음 한 사람' 이름은 서선徐選이다. 1415년 6월 25일 태종에게 우부대언 서선이 '서얼 출신은 관직 금지' 진언을 올렸다. "정도전 같은 패악한 서얼 출신 무리가 나오지 않도록 아예 서얼의 벼슬을 막아야 한다"는 명분으로, 정적이었던 정도전이 서얼 출신임을 이용해 이를 조선왕국 정책으로 제안한 것이다.[250] 정도전은 태종 이방원에 의해 역적으로 몰려 살해됐다. 이후 그와 정적이었던 서선이 죽은 정도전 명예를 빼앗고 혹시 모를 후손들 역습을 발본색원하겠다는 조치였다. 태종은 즉각 이를 받아들였다.

서얼 등용 금지 정책은 『경국대전』에 규정됐고, 조선시대 모든 첩 자식은 홍길동처럼 법적으로 유리 천장에 눌리고 사슬에 얽매인 2등 백성으로 살았다.

그런데 360년이 지난 정조 때 그 첩 자식들을 관직에 등용하라는 파격적인 어명이 떨어진 것이다. 2년 뒤인 1779년 정조 친위 학자집단인 규장각에 책을 교정하고 검수하는 '검서관'이라는 직제가 신설됐다. 초대 검서관 4명은 이덕무, 박제가, 유득공, 서이수였다. 모두 서얼이었다. 당연했다. 처음부터 '서얼 가운데 문예가 있는 사람'이 등용 대상이었고 그 정원이 4명이었으니까.[251]

이덕무(38)가 가장 나이가 많았고, 유득공(31), 서이수(30), 박제가(29)는 또래였다. 모두 세간에 문장가로 이름 알려진 서얼들이었고, 사는 곳도 대사

창덕궁 주합루에서 바라본 후원 전경. 정조는 주합루 1층에 규장각을 만들고 친위 학자 세력을 키웠다. 그 가운데 서얼 출신 검서관 이덕무, 박제가, 유득공과 서이수도 있었다. 하지만 훗날 정조는 이 서얼 출신들을 "배우(광대)로 기른다"라고 속내를 털어놓았다.

동大寺洞(현 인사동 부근)으로 같았다. 이들은 '찾아가면 집에 돌아가는 것을 까마득히 잊고 열흘이고 한 달이고 머무는' 그런 사이였다.[252]

영민하되 불우했던 그 첩 자식들에게 임금에 의해 출셋길이 열렸다. 이들과 친했던 연암 박지원은 "가히 특이한 일이나(可謂奇矣·가위기의) 성세에 진기한 재주가 있는 사람들은 스스로 버림받지 않는 법이니(盛世抱珍自無遺捐·성세포진자무유연), 이제 굶어 죽지는 않겠다"라고 기뻐했다.[253]

이덕무의 기쁨

정조에게 학문은 지적 탐구 대상이며 정치 수단이었다. 스스로를 군주와 스승을 합친 군사君師라 부르고, 모든 지식과 지혜가 발원하는 '만 갈래 강을 비추는 밝은 달의 늙은 주인(萬川明月主人翁·만천명월주인옹)'이라고 불렀다.

그를 지원하는 핵심 조직이 규장각이다. 즉위하던 1776년 창덕궁 후원에 설립한 규장각에서 정조는 '매를 때리며' 학자들을 가르쳤다. 1781년 궐내각사로 이전할 때까지 규장각은 역대 왕 기록을 보관한 주합루 1층에서 왕실 기록은 물론 청나라 서적까지 망라한 도서관 겸 학술기관으로 기능했다.

'네 검서관이 꼬리를 물며 열흘에 한 번 숙직을 할 만큼'[254] 일은 고됐다. 게다가 이덕무는 겨우 몸이나 지탱할 정도로 몸집이 가냘팠다.[255] 하지만 이덕무는 열심히 즐겁게 일했다. "지존至尊께서 좋은 벼슬을 내리셨으니 과거 급제와 다를 바 없다"며 과거 응시도 하지 않고 일했다.[256]

간서치와 고금도서집성

이덕무는 독서광이었다. 그가 짧게 자서전을 썼는데 제목이 '간서치看書痴', '책 읽는 바보'였다.

'그의 방은 매우 작았다. 동, 서, 남으로 창이 났는데 해를 따라 밝은 곳에서 책을 읽었다. 심오한 뜻을 깨치면 매우 기뻐서 일어나 왔다 갔다 하는데, 마치 갈까마귀가 짖는 듯하였다. 조용히 아무 소리도 없이 눈을 크게 뜨고 멀거니 보기도 하고, 혹은 꿈꾸는 사람처럼 혼자서 중얼거리기도 하니 사람들은 간서치라 했다.'[257]

1777년 정조 명에 의해 청나라 백과사전『고금도서집성』이 수입됐다. 5,000권이 넘는 이 책은 규장각에 보관됐고, 왕과 규장각 각신만 열람할 수

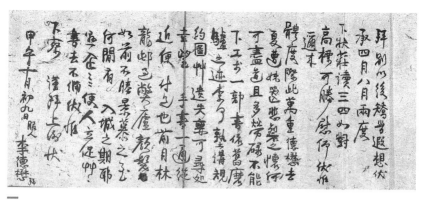

이덕무 글씨. 서얼 출신으로 정조에 의해 규장각 검서관에 임명된 이덕무는 스스로 '책 읽는 바보', 간서치라 불렀다. [국립중앙박물관]

있었다. 이듬해 이덕무가 사신단원으로 청나라에 갔는데, 빠져 있던 몇 권을 찾아냈다. 이에 정조가 특별히 그에게 열람을 허락하니 '손수 그 5,000여 책을 열람해 평생 안목을 저버리지 않게 되었다.'258

책으로 마음은 부유했다. 가난은 탈출하지 못했다. 그래서 '『맹자孟子』 일곱 권을 팔아 밥을 잔뜩 해 먹고 유득공에게 자랑을 했다. 유득공 또한 오래 굶었던 터라 즉시 『좌씨전左氏傳』을 팔아 같이 술을 먹었다. 맹자가 밥 지어주고 좌구생이 술 권해주었으니 우리는 두 사람을 한없이 찬송했다. 책을 팔아 취포醉飽(취함과 배부름)를 도모함이 솔직한 일임을 알았다. 서글프다.'259

서얼을 위한, 서얼만을 위한

이덕무는 청나라에도 알려진 시인이었다. 유득공, 박제가, 이서구과 함께 『한객건연집韓客巾衍集』이라는 시집을 출간한 '사가시인四家詩人'이었다. 그 덕에 파격적인 벼슬을 얻은 것이고. 하지만 검서관은 최말단인 9품에 불과했다. 게다가 적자는 응시하지도 않는, '오로지 서얼을 위해 신설된 벼슬'이었다.

1779년 가을 정조가 검서관들에게 시를 지으라 명했다. 넷 가운데 이덕무 시가 1등으로 뽑혔다. 정조는 수시로 과거 시험지를 직접 채점하던 왕이었지만, 이번에는 채점자가 왕이 아니었다. 왕이 아니라 규장각 각신閣臣들이었다.[260] 이런저런 한계 속에 미관말직에 만족하며 책으로 마음을 불리던 서얼들에게 어느 날 날벼락이 떨어졌다.

문체반정과 이덕무의 슬픔과 죽음

1791년 10월 정조가 명말청초 문집 수입을 금지시켰다.[261] 정조는 성리학을 제외한 모든 학문을 '이단'으로 규정한 뒤 "아득히 옛사람인 공자를 다시 밝히려면 요즘 유행하는 문체를 금지해야 한다"고 선언했다.

이름하여 '문체반정文體反正'이다. 청동기시대인 공자시대 필법을 부활시키면 민간 뒷골목에서 유행하는 패관稗官 문체로 전파되는 '서학西學(기독교)'을 억누를 수 있다는 논리다. 『열하일기熱河日記』를 쓴 박지원은 패관문학 주동자로 지목돼 경고를 받았다.[262]

검서관 제도가 생기기 전인 1787년 패관소설을 읽은 규장각 문신들이 적발돼 반성문을 쓰기도 했다. '우아한 고문체'로 반성문을 제출한 김조순은 훗날 정조의 사돈이 되어 세도정치 문을 열었다. 문체반정을 선언하고 한 달 뒤인 11월 12일 정조는 홍문관과 강화도 외규장각에 보관된 서양 서적을 태워버리라 명했다.[263]

청나라 사행 경험이 있는 네 검서관은 그 패관문학에 매료된 문인들이었다. 서양 서적 분서명이 떨어지기 엿새 전, 정조가 어전회의를 소집하고 이렇게 말했다.

"이덕무, 박제가 무리는 문체가 전적으로 패관과 소품에서 나왔다. 이들을 규장각에 두었다고 해서 내가 그 문장을 좋아하는 줄 아는데, 아니다. 이들의 처지가 남들과 다르기 때문에 나는 이들을 배우로 기른다(予實俳畜之·여실 배휵지)."264

충격적인 말이었다. '쓰임이 있는데 쓰지 않은 인재'라고 적극 중용하라 했던 그 서얼들이 정조에게는 다름 아닌 광대였던 것이다.

그리고 1792년 10월 19일 정조가 근엄하게 선언했다.

"요즘 선비들 글은 내용이 빈약하고 기교만 부려 옛사람 체취는 없이 조급하고 경박하여 평온한 세상 문장 같지 않다. 낡은 문체를 완전히 고치고(頓革 舊體·돈혁구체) 금하라."265

'돈혁구체頓革舊體'. 중종반정, 인조반정에 이어 조선 정신세계를 뒤집어엎겠다는 '문체반정文體反正'이 또 한 번 확인되던 날이었다.

그 선언이 있고 석 달이 갓 지난 1793년 정월 25일 아침, '지존至尊께서 내리신 좋은 벼슬'에 기뻐하다 광대 취급을 받은 소심한 이덕무가 조용히 죽었다. 죽기 전날까지 이덕무는 패관잡기를 써온 반성문 작성을 고민하다가 쓰지 못하고 죽었다.266 정조 이름 '祘'을 '산'에서 '성'으로 바꾼 『어정규장전운御定奎章 全韻』 제작을 막 끝낸 때였다.267

1777년 취임 1년 뒤 정조 명에 의해 이조와 병조가 만든 서얼 등용 원칙 '서얼소통절목庶蘗疏通節目'에는 이렇게 적혀 있었다. '분수를 모르고 명분을 괴란시키는 서얼은 적자능멸죄로 다스린다. 엄중한 법으로, 용서 없이.'268 [땅의 역사]

3장

흩어지는 흔적들: 개화기

탐관오리 조병갑,
공주 산중(山中)에 잠들다

고부군수 조병갑 무덤

역사 흐름을 바꾼 탐관오리

1894년 전라도 고부군수였던 조병갑趙秉甲은 탐관오리貪官汚吏였다. 더럽고 탐욕스러운 관리였다. 얼마나 탐욕스럽고 더러웠나. 탐관오리들로 인해 조선 팔도에 민란이 들끓던 그때, 고종도 "조병갑이 형편없이 수령 노릇을 했다"[269] 고 힐난하고 그가 저지른 일을 조사한 현지 조사관이 "이전에 듣지 못한 일(事未前聞·사미전문)"[270]이라고 보고할 정도로 탐욕스럽고 더러웠다.

그런데 조병갑은 본인이 알지 못하는 사이에 역사 흐름을 역류시킨 사람이다. 조선 근대사에 끼친 영향을 따진다면 이 조병갑을 능가할 개인이 없다. 그저 개인 탐욕에 눈이 멀어 만석보를 만들고 아비 공덕비 비각을 세웠다. 물세를 뜯고 비각 건축비를 착취했다. 착취당한 백성이 죽창을 들었다. 그 죽창을 꺾기 위해 정부에서 외국군을 불러들였다. 그 외국군끼리 조선에서 전쟁을 벌였다. 전쟁 결과 조선이 일본 손아귀에 들어가는, 톱니바퀴처럼 정교하게 돌

충남 공주시 신풍면 한 산속에 있는 조병갑 무덤. 1894년 동학농민 전쟁 후 조병갑은 고향인 산 너머 예산 대흥면으로 숨었다가 이곳 신풍면에서 생을 마쳤다. 조병갑 무덤 옆 능선에는 그 아버지 조규순 부부 묘가 있다. 두 사람 묘가 있는 이 능선 전체는 지금도 그 후손 소유다.

조병갑 무덤 옆 능선에 있는 아버지 조규순 부부 묘(왼쪽)와 전북 정읍에 있는 조규순 영세불망비(오른쪽)

아간 역사를 조병갑은 상상하지 못했을 것이다.

그 조병갑이 충남 공주 산골짜기 양지바른 곳에 잠들어 있다. 옆 능선에는 그 아버지 조규순 부부 무덤도 있다. 동진강에는 만석보 흔적이 남아 있다. 옛 고부 땅에는 조규순 선정비가 여태 서 있다. 그리고 역사 흐름을 바꾼 장본인, 조병갑이 저기 잠들어 있다.

동학의 시작, 1893년 최제우 신원

1800년 조선 22대 국왕 정조가 안동 김씨 김조순 딸을 며느리로 간택하고 죽었다. 김조순 사위이자 23대 국왕 순조부터 25대 철종까지 왕실 외척이 국정을 농단한 '소년왕少年王' 시대를 '세도정치시대'라고 부른다. 국정은 농단당하고, 그 와중에 400년 누적된 사회적 모순이 물 위로 번지기 시작했다. 그래서 얌전하던 조선 백성이 죽창을 들기 시작한 민란 시대이기도 했다.

1893년 3월 충북 보은에 동학교도 수만 명이 집합했다. 1864년 처형당한 초대 교주 최제우 복권復權을 요구하는 집회였다. 충청감사 조병식은 이 요구를 무시하고 탄압으로 맞섰다. 정부는 어윤중을 양호도어사로 급파해 동학군을 해산시키고 민원을 접수했다. 그해 11월 어윤중이 정부에 올린 보고서는 이러했다.

'조병식은 충청감사로 임명된 이후 몹시 가혹하고 끝없이 가렴주구하여 진실로 근래에는 들어보지도 못하였다.'[271]

보고서에 따르면 조병식은 '공주 백성 오덕근'을 비롯해 땅 가진 사람들은 모두 '간음했다'고 누명을 씌워 쫓아내고 한겨울에 집과 땅을 차지했다. 김상준이라는 아산 사람은 관아로 끌고 와 죄를 자백하라며 주리를 틀었다. 자백

할 죄도, 돈도 없던 김상준은 고통을 견디지 못하고 자살했다. 조병식에게 돈을 뜯긴 사람들 명단과 액수가 워낙 많아서 보고서에는 부록이 따로 붙어 있었다.

이 조병식은 이듬해 7월 15일 충남 면천에 구금된 뒤 19일 의정부 요청에 의해 수사에 들어갔다. 그리고 7월 30일 고종은 조병식 석방을 명했다. 9월 23일 고종은 조병식을 사면하고 관직에 복귀시키라고 명했다.[272]

그리고 4개월 뒤 전라도 고부에서 또다시 농민들이 죽창을 들었다. 이번에는 조병식 4촌(8촌이라고도 한다) 동생, 고부군수 조병갑이 문제였다.

고부군수 조병갑과 고종 정권 '빽'

『승정원일기』에 따르면 1865년 조병갑이 처음 받은 벼슬은 규장각 '검서관'이다. 검서관은 서얼에게만 열려 있던 보직이다. 조병갑은 서자다. 그런데 무슨 일을 저질렀는지 그해 일기에는 조를 '겸 군관'으로 감하한다고 기록돼 있다. 중간에는 기록이 없다가 1883년 천안군수가 된다. 그 시절 조병갑은 의금부까지 끌려가는 못된 짓을 했다고 기록돼 있다. 그리고 풍기 등지 현감질을 하다가 1887년 6월 8일 김해부사에 임명됐다.

1889년 1월 7일 영동현감으로 발령나자 조병갑은 "부임하는 길에 신병이 갑자기 중해져서 부임할 가망이 전혀 없다"면서 인사를 거부했다. 그러자 고종은 4월 7일 조병갑을 고부현감으로 발령낸다. 이조에서 (전임 김해부사인) 영동현감 조병갑, (전임 보은군수인) 현 고부현감 송병두가 현 보직에서 인수인계가 안 끝났다고 고종한테 보고하니까 "구애받지 말라"고 했다. '빽'이다.

김해도 평야고 고부도 평야다. 화폐경제 따위 존재하지 않고 쌀이 최고였던 그 조선왕국 쌀 금고다. 부사에서 현감으로 가기 싫고 아무것도 없는 첩첩산중 충청도 영동으로 가기 싫으니까 꾀병으로 시간을 벌면서 알짜 지역인 쌀창고 고부로 갔다. 이게 조병갑이 고부와 맺은 첫 번째 악연이다. 이후 조병갑은 마치 양떼목장에 들어온 늑대처럼 악행을 즐겼다.

그리고 1892년 4월 2일 조병갑은 중앙정부 기기국 위원으로 발령이 났다. 무슨 일인지, 조병갑은 26일 만인 4월 28일 다시 고부군수로 재발령이 났다. 그 며칠간 지옥을 탈출했다고 기뻐했던 고부 주민들이 그 얼굴을 다시 봤을 때, 그 속은 얼마나 처참했을까.

악행은 1893년 11월 30일 익산군수로 발령 날 때까지 계속됐다. 그런데 조병갑은 익산으로 떠나지 않았다. 그해 12월 24일 신임 고부군수 이은용이 황해도 안악군수로 발령이 나더니 1894년 1월 2일까지 신좌묵, 이규백, 하긍일, 박희성, 강인철 순으로 계속 신임 고부군수가 바뀌었다. 한 달 남짓한 기간에 서류상으로 고부군수가 일곱 명이 바뀐 것이다. 결국 이조吏曹에서는 "조병갑이 세금 징수에 문제가 많았지만 새로 군수를 뽑으면 일을 더 못하리라 본다"며 익산으로 갈 조병갑을 고부에 눌러앉혔다.[273]

그렇게 조병갑이 고부를 거덜낸 것이다. 그 모든 배경에는 속칭 '빽'이 있다. 1894년 2월 조병갑의 악행이 폭로된 뒤 전라관찰사 김문현이 조병갑을 체포하겠다고 보고했다. 그러자 의정부 정승들이 이렇게 말했다.

"처음에는 칭찬한다고 연임시키더니(始也襃仍·시야포잉) 지금은 잡아 오겠다고?"[274]

관찰사 '빽'이 작용했다는 뜻이다. 빽이 작용한 관찰사 보고서를 모른 척 긍

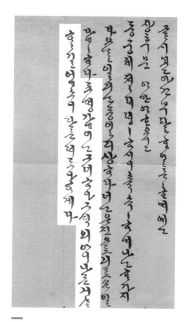

민비가 민영소에게 보낸 조병갑 인사 관련 편지 [국립고궁박물관]

정적으로 결재한 정승들 위선과 무책임도 보인다.

1892년 4월 조병갑이 중앙정부 기기국 위원으로 전임됐을 때, 왕비 민씨가 조카 민영소에게 보낸 편지에는 이렇게 적혀 있다.

'조병갑이는 그러하나, 그 색띁(관직) 외에는 나지 않아 다른 데로 하겠다.'[275]

일단 다른 보직에 임명한 뒤 상황을 보겠다는 뜻이다. 조병갑은 기기국 위원 재임 26일 만인 4월 28일 고부군수로 발령이 났다. '고부군수 조병갑' 뒤에 고종-민씨 척족 세력의 강력한 '빽'이 작용했다는 증거다.

역사적인 악행, 만석보와 공덕비

이러구러 조병갑이 고부군수가 되었다. 동학을 이끌었던 전봉준에 따르면, 조병갑이 군수로 있으면서 저지른 비리는 이러했다.

'첫째, 남의 산 나무를 벌목하고 주민을 강제 동원해 원래 있던 민보民洑 아래 또 보를 쌓아 물세를 징수하고 둘째, 논마다 세금을 추가로 걷고 셋째, 황무지를 개간시키고 추가로 세금을 걷고 넷째, 부자들에게 불효, 음행 따위 죄목으로 걷어낸 돈이 2만 냥이 넘고 다섯째, 자기 아비 공덕비 비각 세운다고 천 냥을 뜯고 여섯째, 나라 세금 낸다고 고급 쌀을 거두더니 정작 중앙에는 저질 쌀로 세금을 납부하고 이득은 횡령한 죄.'276

전봉준은 이 모두를 "수령이 홀로 행했다"고 답했다.

전북 정읍 동진강변에 희미하게 남아 있는 만석보 흔적. 조병갑은 기존에 있는 보(洑) 하류 쪽에 새로운 보를 만들고 물세를 징수해 농민 분노를 촉발했다.

여러 죄상 가운데 만석보가 가장 컸다. 고부에 흐르는 동진강에는 강물을 농업용수로 쓰기 위해 쌓아놓은 둑이 있었는데, 그 아래에 조병갑이 민력을 강제 동원하고 남의 산 소나무를 강제로 징발해 또 둑을 쌓고 물세를 신설해 챙겼다는 것이다. 악행은 부임하자마자 '처음부터 행했고', 그 모든 이득을 '혼자서 다 챙겼다'는 것이다.

1894년 1월 10일 고부 농민이 죽창을 들었다. 조병갑은 도주했다. 동학군은 고부 관아 감옥을 파괴하고 창고를 도끼로 열어 벼 1,400석을 풀었다. 그리고 1월 17일 농민들은 만석보를 파괴했다.[277]

되돌리지 못한 흐름

동진강은 다시 흘러갔다. 하지만 한번 역류하기 시작한 역사는 되돌리지 못했다. 1894년 2월 15일 사태 수습을 위해 파견된 안핵사 이용태는 철저하게 농민 탄압으로 일관했다. 농민 반란은 더욱 확대돼 전국으로 확산됐다. 황토현에서 동학군에 패한 관군사령관 홍계훈은 조정에 원병 요청을 건의했다. 고종은 최측근이자 농민군의 타도 대상인 민영휘와 함께 국내 주둔 중이던 청 군사령관 원세개에게 군사를 요청했다. 청나라 북양대신 이홍장은 조선 정부 공식 요청에 병사를 파병했다. 일본은 '조선 파병은 공동으로 한다'는 1885년 '천진 조약' 조항을 내밀고 일본군을 파병했다. 조선에서 청일전쟁이 터졌다. 동학전쟁은 조선 관군과 일본군 연합작전에 궤멸됐다. 일본은 전쟁에서 승리했다. 청일전쟁 종전조약인 시모노세키조약 1조에 일본은 '조선은 자주독립국'이라는 조항을 삽입했다. 대륙 진출을 노리던 일본이 마침내 조선을 집어삼킬 계획을 구체화하기 시작한 것이다.

그 모든 과정을 역추적하면 조병갑이라는 더럽고 탐욕스러운 지방관리, 중앙권력 비호를 받는 탐관오리 개인 비리가 떡하니 앉아 있다. 일개 관리 비리가 역사적으로 어마어마한 사건이 된 것이다.

조병갑의 평화로운 말로

실록에 따르면 조병갑은 1894년 5월 4일 두 차례 곤장을 맞고 전남 완도 고금도로 유배됐다. 죄는 인정하지 않았다. 이듬해 3월 12일 갑오개혁 정부 총리대신 김홍집과 법무대신 서광범이 고종에게 조병갑 재수사를 요청하고 고금도에 관리를 보내 조병갑을 서울로 압송했다.

그런데 두 달이 지난 1895년 5월 4일 고종은 개혁정부가 제시한 개혁안을 모조리 거부하고 "작년 6월 이후 칙령과 재가 사항은 어느 것도 내 의사에서 나온 것이 아니기 때문에 모두 철회한다"고 선언했다.[278]

그리고 7월 3일 동학과 관련돼 유배형을 받은 인물 279명이 일괄 석방됐다. 그 가운데 민영휘, 민영주, 민형식, 민병석, 민응식 같은 척족 여흥 민씨들이 있었고 동학의 먼 원인을 제공한 조병식과 동학을 폭발시킨 집안 동생 조병갑이 들어 있었다.[279]

조병갑은 1898년 양력 1월 2일 대한제국 법부 민사국장으로 권력에 복귀했다. 6개월 뒤인 7월 2일 동학 2대 교주 최시형 선고공판이 있었다. 최시형은 사형을 선고받았다. 재판부 배석판사 2명 가운데 한 명이 조병갑이었다. 1904년 6월 20일 조병갑은 황실 비서원 주임관인 비서원승에 임명됐다.[280] 1907년 조병갑은 관직에서 은퇴한 뒤 충청도 청양에 살았다.[281] 청양 북쪽 예산 대흥면은 양주 조씨 집성촌이다. 조병갑 큰아버지인 전 영의정 조두순 집

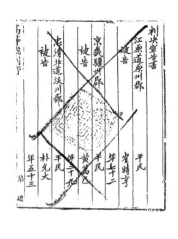

최시형에게 사형을 선고한 조병갑 판결문 [국사편찬위]

이 남아 있다. 대흥면에서는 바로 이 집에 조병갑이 살았다고 전한다.[282]

　　조병갑 아버지 조규순은 1885년에 죽었는데, 부인 이씨와 함께 산 너머 공주 신풍면 사랑골 양지바른 곳에 묻혔다.[283] 1970년 그 후손이 무덤가에 비석을 세웠다. 공식 기록에서 종적이 끊긴 조병갑은 바로 그 아버지 옆 능선에 묻혀 있다. 언제 죽었는지는 알 수 없다. 석물石物 하나 없지만 땅은 양지바르다. 두 무덤이 있는 산기슭과 마을 앞쪽 임야는 모두 양주 조씨 조규순 후손 명의로 등기돼 있다. 주인을 알리는 석물은 없지만, 마을 주민에 따르면, 해마다 봄이면 답사 단체가 무덤을 찾는다. 평화롭게, 근대사 물줄기를 바꾼 관리 하나가 그렇게 잠잔다. 땅의 역사

02 | 공덕동 빌딩 숲에 숨어 있는 권력의 쓸쓸함

서울 공덕오거리에 서 있는 흥선대원군 별장 금표비

　서울 마포구 공덕동은 용산과 함께 새로운 도심으로 떠오른 지역이다. 고층 건물이 즐비하고 도로는 넓다. 주변보다 지대가 높아서 옛날부터 만리재, 애오개 두 길과 새로 뚫린 백범로 모두 언덕길이다. 그 세 길이 합류하는 지점이 공덕오거리인데, 이 로터리에서 지하철 6호선도 만난다. 사통팔달한 땅 위로 빌딩 숲이 울창하다.

　그 지하철 공덕역 3번 출구 옆에 공원이 있는데 공원 모퉁이에는 작은 비석이 서 있다. 비석에는 이렇게 새겨져 있다.

　'限一百二十步 孔德里禁標 同治庚午八月日·한일백이십보 공덕리금표 동치경오팔월일

　이곳부터 120걸음 공덕리에 경작과 목축을 금한다 - 동치 경오년 8월'.

서울 마포 공덕오거리 빌딩 숲속 작은 공원 모퉁이에 비석 하나 서 있다. '限一百二十步 孔德里禁 同治庚午八月日·공덕리 금표 120보 안쪽 통행금지 동치 경오(1870년) 8월'이라고 새겨져 있다. 이곳이 용산방 공덕리였던 1870년 흥선대원군 이하응이 미리 봐뒀던 자기 못자리 영역을 표시하는 표석이다. 대원군은 못자리 아래 집을 지어 '아소당(我笑堂)'이라고 불렀고 못자리는 '우소처(尤笑處)'라 불렀다. '내가 웃는 집'이라는 뜻이고 '더 웃는 곳'이라는 뜻이다. 참 많은 일이 아소당을 중심으로 펼쳐졌고, 이제 돌표 하나 남았다.

동치 경오년은 1870년이다. 다름 아닌 당시 권세가 하늘보다 높았던 흥선대원군 이하응이 미리 봐뒀던 자기 묏자리 영역을 표시하는 표석이다. 권세가 하늘보다는 높았지만 청나라 황제보다는 못했는지 날짜는 청나라 연호 '동치同治'를 사용했다.

그렇다. 이 자리에서 서쪽으로 120걸음만 가면 그가 묻히겠다고 낙점해놓은 가묘가 있었고, 가묘 아래에는 별장으로 사용하던 집이 있었다. 이름은 '아소당我笑堂'이다. 자기 묏자리를 대원군은 '우소처尤笑處'라 불렀다. '내가 웃는 집'이라는 뜻이고 '더 웃는 곳'이라는 뜻이다.[284] 참 많은 일이 아소당을 중심으로 펼쳐졌고, 이제 돌표 하나 남았다.

묏자리 정하던 날

1870년 추석 열흘 뒤 어전회의에서 영의정 김병학이 고종에게 이렇게 보고했다. "대원군이 공덕리로 행차할 때 신들이 동행했는데, 그 경계를 사방 100보步 안으로 하니 만백성이 기뻐했나이다."[285]

미리 대원군이 짚어뒀던 자기 수장壽藏(생전에 봐둔 묏자리) 경계를 확정하는 날이었다. 대원군은 이미 1846년 경기도 연천에 있던 선친 남연군을 충청도 예산 땅에 이장해 아들을 왕으로 만든 경험이 있지 않았는가. 무소불위한 권력을 더 확장하기 위해 대원군은 자기 묘 또한 천하 길지를 택했다. 한성 성곽 남서쪽 바깥에 있는 용산방 공덕리는 '국도國都의 진산鎭山이 서쪽으로 꺾여 꾸불꾸불 남쪽으로 내려와서 맥脈을 결성한' 언덕이었고 '신령스럽고 깨끗한 기운이 실로 다 모인' 언덕이었다.[286]

그 못자리 경계가 100보였다. 이를 새긴 표석에는 스무 걸음 더 나간 120보라고 돼 있으니 종친에게 허용된 사방 100보 법정 상한 면적과 대동소이했다.[287] 천하의 대원군이 그렇게 좁게 묘계를 정했으니 어전회의 참석자들은 모두 "근처 백성들이 돌아갈 곳을 얻을 수 있게 됐다"며 흡족해했다. 대원군은 그까짓 못자리 사이즈로 까탈을 부릴 사내가 아니었다.

내가 웃는다, 아소당(我笑堂)

1870년은 대원군 권력이 정점에 오른 때였다. 임진왜란 이후 폐허로 방치됐던 경복궁 중건이 완료됐고 1868년 이후 당쟁 아지트였던 서원 철폐 작업에 착수한 상태였다. 호포제戶布制를 실시해 조선 500년 사상 처음으로 양반들로부터 세금을 거두는 혁명적 조치도 실행되고 있었다. 그런 흡족한 상황에서 대원군이 자기 수장을 골라 경계를 정했다. 이는 권력을 즐기려는 쾌감이기도 했고 풍수라는 전근대적 방식으로 전주 이씨 왕실 미래를 확장하려는 기획이기도 했다.

그 경계를 밝히는 금표에서 21세기 공덕오거리를 지나 서쪽으로 걸어가면 서울디자인고등학교가 나온다. 남자 어른 보폭으로 얼추 120걸음 된다. 중간에 만나는 공원 이름도 아소정이고 식당 이름도 아소정이다. 원래 이름은 아소당인데 어찌어찌하여 식민시대와 전쟁을 거치며 격이 팍 떨어지는 아소정으로 바뀌어버렸다. 조선조 관습에 따르면 건물 격은 순서가 전殿-당堂-합閤-각閣-재齋-헌軒-루樓-정亭이니 서열 2위 '당堂'이 현대에 맨 꼴찌 '정亭'으로 추락한 것이다.

그래도 건물 이름은 아소당, '내가 웃는 집'이다. 여러 사람이 아소당 명칭

에 대해 글을 썼는데, 1888년 좌의정 신응조가 쓴 '아소당기'에는 이렇게 적혀
있다.

'기쁘면 즐거워지고 즐거우면 웃는다(喜而樂樂而笑·희이락락이소)'

아소당 건축이 1870년인데 이 아소당기는 무려 18년 뒤에 쓴 글이다. 그
사이 임오군란(1882)이 터져 대원군은 3년 동안 청나라로 끌려가 유폐된 시
기였다. 그럼에도 대원군은 이리 껄껄대며 웃었다. 예순여덟 나이에도 권력에
곧 복귀하리라는 기대를 버리지 않은 것이다.

대원군 생전 일본 장교가 촬영한 것으로 추정되는 사진. 작은 집 한 채가 서 있는 오른쪽 언덕이 그가 정한 못자리다.
왼쪽 아래는 대원군이 즐겨 찾던 별장 아소당이다. 이곳에 살았던 동도중고등학교 설립자 가족 김인수에 따르면 해방
후 6·25전쟁 때까지 당시 국방부 장관 신성모가 관사로 사용했다. [동도김형천기념사업회 제공]

매천 황현에 따르면 대원군은 못자리 아래 아소당을 지으며 못자리는 '더 웃는' '우소처尤笑處'라고 불렀다. 전남 광양에 살던 황현은 이 '우소처를 덮는 집을 짓고 아소당이라 했다'고 알고 있으니[288], 대원군은 '살아서 웃고 죽어서 더 웃는' 영화로운 삶과 죽음을 믿어 의심치 않았다는 말이다.

대원군 생전에 촬영된(추정) 흑백 사진은 그 자신만만한 나날을 잘 보여준다. 번듯한 아흔아홉 칸 사대부 집 오른쪽 언덕 위에 작은 집이 한 채 서 있다. 황현에 따르면 대원군은 '당堂'을 지어 못자리(壙·광)를 덮었다(建堂以覆壙·건당이복광).[289] 웃음 가득한 별장과 '더 웃으며 묻힐' 징표가 한눈에 들어와 있으니 이런 무서운 풍경이 또 어디 있다는 말인가.

"내 아버지를 유폐한다"

1885년 8월 27일 청나라로 납치됐던 대원군이 3년 만에 귀국했다. 3년 전 임오군란 때 청나라 군사를 불러 난을 진압한 이래 고종 정권은 20대 중국 장교 원세개 치하에 놓여 있었다. 아들 고종은 "나의 기쁜 마음을 이루 다 말할 수 없다"라고 아비를 반겼다.[290] 그리고 13일 뒤 아들은 '대원군 존봉 의절' 9개 항을 발표했다. 제대로 모시라는 어명인데 이 중 3개 항은 이러했다.

'운현궁 대문에 차단봉 설치'
'대문에 24시간 숙직'
'왕명 전달 외에는 관료들 일체 면회 금지'[291]

모시는 게 아니라, 가둬버린 것이다.

1894년 봄 동학농민전쟁이 터졌다. 여름에는 청일전쟁이 터졌다. 고종은 개혁정부에게 권력을 빼앗겼다. 일본은 갑오개혁 정부 수장으로 대원군을 앞세웠다. 하지만 의견이 사사건건 충돌하며 대원군은 다시 권좌에서 추락했다. 이듬해 4월 대원군 손자 이준용이 쿠데타를 기도하다 적발됐다. 대원군은 유배형을 언도받은 손자 운명에 항의하며 아소당에 은거했다.

그달 23일 아들 고종은 2차 대원군 존봉 의절을 발표했다.

'24시간 숙직은 관리 대신 경찰이 한다'
'외국 관리들은 왕실을 거쳐 왕실 직원 입회하에 면담한다'
'출입은 왕실에 사전 보고 및 경찰이 동행한다'

더 심한 유폐령을 내린 것이다. 그해 10월 존봉 의절을 뚫고 잠시 아소당에 머물던 대원군은 일본인 무리에 이끌려 경복궁으로 입궐했다. 대원군을 앞세워 일본인과 조선인 무리들이 며느리 민비를 죽였다. 그걸로 끝이었다. 개혁의지는 사라졌고 권력욕이 번뜩이던 순간이었다. 이듬해 아관파천 이틀 뒤 고종은 3차 존봉 의절 시행을 명했다.[292] 대원군은 영원히 유폐됐다.

마침내 왕이 된 사내

1898년 양력(이하 양력: 조선 정부는 1896년부터 양력을 채택했다. 이 책에서도 1896년 이전은 음력, 이후는 양력으로 표기했다) 1월 8일 대원군 아내 여흥 민씨가 운현궁 이로당에서 죽었다. 장례 준비에 한창 어수선하던 2월 22일 대원군이 죽었다. 역시 아들을 왕으로 만들어준 운현궁 노안당에서 죽었

2022년 서울 마포 공덕오거리. 128년 전인 1894년 청일전쟁 때 저 빌딩들 사이 만리재(백범로) 주변에 일본군 혼성 여단이 주둔했다. 도로 끝에는 1904년 한일의정서에 의해 일본군이 주둔하며 만든 용산기지가 있다.

서울디자인고등학교 교문 오른쪽에 서 있는 '아소당' 표석. 대원군은 1898년 운니동 운현궁에서 죽고 아소당 묫자리에 묻혔다. 지금은 파주를 거쳐 남양주에 이장됐다.

다. 죽기 전 아버지는 자기 아내 병구완을 위해 운현궁에 들르겠다는 고종을 거듭 말렸다. 하지만 임종 직전에는 "주상이 아직 오지 않았느냐"고 세 번이나 큰 소리로 물었다. 황제가 된 아들은 끝내 아비를 찾지 않았다. 원하던 대로, 그리고 예정된 대로, 대원군은 공덕리 아소당 언덕에 묻혔다. 금표에서 120걸음 오르면 나오는 명당이었다.

을사조약 2년 뒤인 1907년 10월 1일 흥선대원군 이하응은 손자 융희제 순종에 의해 대원왕大院王으로 추봉됐다. 마침내 스스로 왕이 된 것이다. 이듬해 1월 30일 황실은 파주 대덕동으로 묘를 이장하고 원園으로 격상했다.[293] 묘원 이름은 '국태공원國太公園'이라고 했다. 국태공은 대원군을 이르는 말이다.

1966년 파주에 미군기지가 들어서면서 국태공원은 다시 한 번 이장된다. 장지는 경기도 남양주 화도읍이다. 78년 긴 세월 부침을 거듭하며 개혁 의지는 사라지고 권력을 바라보던 사내의 종착역이다. 처음 묻혔던 공덕동 아소당은 주인이 여러 번 바뀌다 해방 후 송산학원을 세운 김형천이 설립한 동도중, 공업고등학교가 들어섰다. 지금은 서울디자인고등학교가 들어섰다. 본채는 신촌에 있는 봉원사로 팔려나갔다.

그 장구한 세월, 그 덧없고 쓸쓸함을 보려면 서울특별시 마포구 공덕동 지하철 6호선 공덕역 3번 출구 옆 공원에 가보라. 의미 사라지고 없는 금표禁標를 보라. 땅의역사

03 | 혁명가 김옥균의 흔적 위에 서 있는 매국 귀족 박제순의 돌덩이

서울 종로구 화동 2번지 정독도서관 땅의 팔자

정독도서관과 정체를 숨긴 돌덩이

서울 화동 2번지 정독도서관 본관 건물 뒤편, 정독독서실 건물 앞 철책 속에 커다란 돌덩이가 있다. 돌에는 한자 24글자가 새겨져 있다. 뜻은 이렇다.

'둥근 우물돌이다. 아마 고려 때 것 같은데 샘은 매립돼 흔적이 없고 돌만 우뚝하다. 광무4년(1900년) 겨울 평재平齋가 적다'

옆에 안내판이 있는데 이렇게 적혀 있다.

'이 우물에 새겨진 명문을 해석한 결과 역사적으로 의미 있는 사료라 여겨져 현재와 같이 관리하게 되었다. 2000년 8월 1일 정독도서관장'

서울 종로구 화동 2번지 정독도서관 본관 뒤편 언덕에는 정체불명인 돌덩이가 보존돼 있다. 이 돌덩이는 1905년 을사조약 대표서명자인 외부대신 박제순 집터에 있던 우물돌이다. 새겨진 글자들은 박제순이 썼고, 정독도서관 부지 절반이 박제순 집터였다.

앞 글을 적은 사람 '평재'는 1905년 대한제국 외부대신 자격으로 을사조약에 도장을 찍었던 평재 박제순이다. 우물돌이 남아 있는 바로 이 자리는 박제순이 살던 집터다. 집 규모는 지금 도서관 전체 부지 면적 1만1,000여 평 절반인 5,672평이었다.

그러니 '역사적으로 의미 있는 사료'라는 애매한 말로 설명하느니 하지 않는 게 나았다. 박제순에 대해서 할 말이 우물물만큼 깊고 차가우니까. 박제순

안내판을 봐도 정체가 도무지 불명이다. 안내판에는 '역사적
의미가 있기 때문에 보존한다'라고 적혀 있다.

돌덩이만 아니다. 정독도서관에는 눈여겨볼 만한 표석과 역사적 흔적이 숱하
다. 지금은 여러 가지 목적으로 책을 접하려는 시민으로 붐비는데, 100년 전
까지 이 도서관 터에는 숨 막히는 역사적 소용돌이가 몰아쳤다. 김옥균과 서
재필, 그리고 박제순과 식민시대까지 도서관 터 땅 팔자로 훑어보는 격변 근
대사.

어느 여자의 청원서와 김옥균

'저는 예전에 한성 북부 홍현紅峴에 거주하다가 갑신년(1884)에 국사범으
로 바다 바깥 귀신이 된 전 참판 김옥균의 처이온데, 온 가족은 어육魚肉의 화
를 당하고 재산은 몽땅 적몰 당하는 변을 만났나이다.'

1909년 1월 29일 갑신정변 주역 김옥균 아내 유씨가 당시 대한제국 내각
총리대신 이완용에게 청원서를 올린다. 글은 이렇게 이어진다.

'제 망부가 죄를 탕척 받고 관작을 회복했으나 살 곳이 전무하오니 북부 홍
현에 있는 관립고등학교가 제 집터이온즉 미망인 심정을 헤아리시어 처분하

기를 천만절축하나이다.'[294]

1884년 양력 12월 4일 김옥균이 일으킨 갑신정변은 만 46시간 만에 실패로 끝났다. 주모자들은 망명하고, 망명하지 못한 자들은 거리에서 죽었다. 가족은 연좌해 처형되거나 자살했다. 그리고 재산은 파가저택破家瀦澤, 집을 부수고 못을 만들어 흔적을 없애버렸다. 1894년 3월 28일 고종 정권이 보낸 자객 홍종우에 의해 청나라 상해에서 암살된 김옥균은 4월 14일 한성 양화진에서 '조선왕조 최후의' 사후 능지처참이자 부관참시를 당했다. 5월 31일 고종은 역적 처형을 축하하는 대사면령을 발표했다.

그런데 청일전쟁에서 일본이 승리하며 조선에 갑오개혁 정부가 서자 고종은 이듬해 1월 22일 김옥균의 관작 회복 칙령을 내렸다.[295] 김옥균 아내 유씨는 바로 이 칙령에 근거해 나라가 가져간 재산을 돌려달라고 대한제국 총리대신에게 청원서를 올린 것이다. 그리고 그녀가 적시한 옛 집터가 홍현紅峴이었고, 1909년 당시 그 '붉은 고개'에 관립고등학교가 들어서 있었다. 그 관립고등학교가 훗날 경기고등학교로 이어졌고, 경기고가 서울 강남으로 이전하면서 학교 터는 도서관으로 바뀌었다. 정독도서관 잔디밭에는 김옥균 집터임을 알리는 표석이 서 있다.

김옥균은 고개 아래 가회동 박규수 집에서 동료들과 모여 개화 이론을 배웠다. 박규수는 북학파 태두 연암 박지원 손자다. 함께 공부했던 홍영식, 서재필이 갑신정변을 같이 주도했다. 정변 실패 후 홍영식은 거리에서 살해당했다. 아버지인 전 영의정 홍순목은 집에서 가족을 죽이고 자살했다. 피칠갑이 된 채 방치됐던 집은 미국 선교사 호러스 알렌이 인수해 병원을 차렸다. 알렌은 정변 때 죽을 뻔한 왕비 민씨 조카 민영익을 치료해 준 의사였다. 서재필은

박제순 집터는 1884년 갑신정변 주역인 김옥균 집터와 겹친다. 김옥균 집터는 언덕 아래 잔디밭 부근이었다. 정변을 함께한 서재필 또한 이곳에 살았다. 두 사람 집터에는 훗날 대한제국에 의해 관립학교가 설립됐다. 식민시대인 1916년 박제순이 죽고 2년 뒤 당시 총독 하세가와에 의해 그 집터 또한 학교 부지로 편입됐다.

김옥균과 함께 일본으로 망명했다. 가족은 누구는 자살했고 누구는 살해됐고 누구는 노비가 됐다가 죽었다.

땅이 잊어버린 혁명가 서재필

서재필은 김옥균 옆집에 살았다. 그런데 서재필 흔적은 도서관 구내에 보이지 않는다. 미국에서 재혼 후 낳은 딸 뮤리엘 제이슨은 1950년대 정부를 상대로 토지 소유권 반환 소송을 제기했다. 1956년 4월 12일 대법원은 경기고 부지 가운데 3,443평을 서재필 소유로 반환하라고 확정판결했다. 『경기90년사』에 따르면 '정부는 예산 문제로 (반환이나) 대금 지불을 미뤘고' 결국 경기

고는 1972년 강남 이전을 결정했다.[296]

후배 서재필과 선배 김옥균은 그렇게 북촌 좁은 골짜기에 어깨를 부딪치며 살면서 근대화와 대對중국 독립 명분을 쌓았다. 그러니 정독도서관 잔디밭에 서재필 표석 또한 있어야 김옥균 표석이 완성된다.

관립학교의 설립과 박제순

1899년 대한제국 정부는 정덕正德, 이용移用, 후생厚生을 갖춘 실업인 양성을 목표로 관립 '중학교 관제' 칙령을 발표했다.[297] 그리고 이듬해 10월 현 정독도서관 자리에 관립중학교가 개교했다. 1880년대 이미 외국 선교사들에 의해 사립학교들이 설립됐지만 제국학교는 한참 늦었고, 교과 내용 또한 1900년 3월 '중학교 규칙'에 규정된 전문 과목은 빠져 있었다.[298]

1905년 을사조약이 체결되고 1910년 한일병합조약으로 나라가 사라졌다. 관립한성고등학교로 운영되던 학교는 1911년 총독부 1차 조선교육령에 따라 경성고등보통학교로 바뀌었다. 초대교장은 홋카이도 교육자 오카모토 스케岡元輔였다.

학생이 늘어나면서 학교 부지 확장이 이슈가 된 1918년 2월 조선총독 하세가와 요시미치가 학교를 방문했다. 방문 2년 전 박제순이 죽었다. 총독부가 만든 관제 성균관 '경학원' 대제학으로 있다가 죽었다. 경성 용산역에서 열린 영결식에는 1,000여 인파가 몰렸다. 자작 작위는 아들 박부양이 계승했다. 손자 박승유는 이에 반발해 일본군에 자원했다가 탈출해 광복군 활동을 하며 해방을 맞았다.[299]

박제순 집은 지금으로 치면 정독도서관 잔디밭 가운데에서 본관 뒤편 언덕 너머까지였다. 그런데 박제순은 한일병합 공로로 자작 작위를 받은 귀족이 아닌가. 그래서 교장 오카모토도 그 생전에는 "학교가 좁아서…토지를…좀…" 따위 말을 꺼내지도 못했다. 하세가와가 학교를 찾았을 때 집은 폐허였다. 그때 총독부 학무국장 세키야 데이사부로關屋貞三郎가 "저 집터를 쓰면 된다"고 총독에게 제안했다.

그리되었다. 죽고 없는 조선귀족 박제순 집은 총독부 압력에 학교에 팔렸고, 이후 학생들이 고지대를 깎아 저지대를 메우는 작업을 했고, 1919년 현재 규모 부지가 완성됐다.[300]

그 흔적이 앞에서 말한 우물돌 돌덩이다. 1990년에 발간한 『경기90년사』에는 이 돌을 1970년에 발견했고 정체는 박제순 집 우물돌이라고 기록돼 있

—
정독도서관 본관 뒤편에 있는 박제순 우물돌

다. 따라서 '2000년 8월 1일 정독도서관장 명의로' 세워놓은 '역사적 의미' 운운하는 안내판은 대단히 비겁하다. 있는 그대로 안내하면 되는 것이다.

김옥균 시호 받던 날

나라 잘 만들겠다고 일어섰다가 그 나라가 살해한 혁명가 김옥균은 집을 빼앗기고 집안은 박살 났다. 아내 유씨 청원은 거부됐다. 대신 이듬해인 1910년 6월 29일 통감부 꼭두각시 융희제 순종은 아관파천(1896) 직후 노변 척살당하고 관직 삭탈된 김홍집, 어윤중과 함께 김옥균을 대광보국숭록대부 규장각 대제학에 추증하고 시호를 내리라 명했다.[301] 전광석화처럼 부관참시와 능지처참을 당하고 또 아홉 달 뒤 전광석화처럼 복권된 지 16년 만이었다. 한 달이 지난 1910년 7월 29일 관립한성고등학교 옛 김옥균 집터에서 황제가 내린 시호 교지를 받는 '연시례延謚禮' 의식이 열렸다. 시호는 '충달忠達'이었다.[302] 또 한 달 뒤 나라가 사라졌다.

맑은 날 정독도서관에 가보시라. 무엇이 보이는가. 궂은 비 내리는 날 정독도서관에 가보시라. 무엇이 보이지 않는가. 그 흔적들 모두가 역사다. 땅의역사

04 | 고종, 왕비릉 이장을 위해
조말생 묘를 강제로 옮기다

고종-민비 묻힌 홍릉과 남양주 조말생 묘의 비밀

경기도 남양주 수석동에는 세종 때 문신 조말생 묘가 있다. 원래는 남양주 금곡리에 있었는데 1900년 고종이 3년 전
왕비 민씨를 묻은 청량리 홍릉을 금곡리로 천장하면서 수석동으로 강제 이장당했다. 금곡리에는 조말생 문중 묘 110
여 기는 물론 전주 이씨 왕족묘도 허다했다. 세종 막내아들 영응대군 부부 묘 또한 그때 경기도 시흥으로 이장됐다.
『매천야록』에 따르면 홍릉 이장으로 금곡리에 있던 무덤 2만여 기가 이장됐다. 금곡리로 천장지가 결정되는 과정도
복잡했고, 결정 후 실제 천장에는 19년이 더 걸렸다. 사진은 조말생 묘에서 바라본 장명등과 한강 풍경이다.

1897년 10월 13일 대한제국을 선포한 광무제 고종은 일주일 뒤 경사를 맞았다. 10월 20일 궁인 엄씨가 러시아공사관에서 잉태했던 아들이 태어난 것이다. 이 아들이 영왕 이은이다. 고종은 이틀 뒤 엄씨를 귀인貴人으로 봉작했다. 또 나흘이 지난 10월 26일 사간원 정언을 지낸 현동건이 '오늘날 급선무는 인재 등용과 군사 양성과 학문 진흥'이라고 상소했다. 고종은 "잘 알았다"고 비답을 내렸다.303 한 달이 갓 지난 11월 21일, 고종은 2년 전 일본인들에 의해 살해된 왕비 민씨 장례식을 치렀다. 황궁인 경운궁을 떠난 상여는 이날 청량리 홍릉으로 가서 의식이 치러졌다.

그러나 왕비 민씨는 편히 쉬지 못했다. 3년 뒤 남편 고종이 청량리 장지가 명당이 아니라며 이장을 결정한 것이다. 그런데 이장할 장소가 수시로 바뀌는가 하면 이장할 날짜도 계속 연기되더니 결국 1919년 고종이 죽고 나서야 왕비릉은 경기도 남양주 금곡리로 천장되고 남편 고종도 합장됐다. 그 사이에 금곡리에 있던 무덤 2만여 기는 강제로 전국으로 이장돼 버렸고, 나라는 사라져버렸다. 이 블랙코미디 이야기다.

엄혹했던, 그리고 어이없던 세월

1894년 청일전쟁에서 참패한 청나라는 급속도로 몰락하고 있었다. 대한제국은 청나라를 침몰시킨 일본에 무방비로 노출돼 있었다. '수신제가치국평천하修身齊家治國平天下'로 통치됐던 세상은 바야흐로 정글로 변하고 있었다. 힘센 놈은 스스로를 정의라고 불렀고, 약한 자들은 이를 갈며 고개를 숙이는 그런 세상. 그러했다.

그런데 대한제국을 선포한 1897년부터 을사조약이 체결된 1905년까지 대한제국 정부가 각종 국장國葬에 사용한 국가 예산이 213만6,000원이었다.[304] 참고로 1900년도 대한제국 세출예산은 616만2,796원이었다.[305]

왕비 민씨 국장, 헌종 왕비 국장, 황태자비 국장이 이 8년 사이에 치러졌다. 한 해 예산 3분의 1을 각종 장례식에 사용했으니, 제국 선포 직후 전 사간원 정언 현동건이 제시한 세 가지 급선무와는 많이 동떨어진 세금 운용 방식이다. 여기에는 1902년 청량리에 묻혔던 왕비 민씨를 이장하기 위해 사용된 45만 원이 포함돼 있었다.

"왕비릉 풍수가 나빠 나라가 이 꼴"

민비가 청량리에 묻히고 2년이 못 돼 왕비릉을 옮긴다는 소문이 돌았다. 1899년 봄에는 홍릉을 경기도 광주로 옮긴다는 풍문이 돌았다.[306] 그런데 제국 정부는 소문과 달리 홍릉 석물을 5만 원을 들여 보수하고 동대문에서 홍릉까지 도로를 넓히고 개천도 준설해 청량리 홍릉까지 황제가 왕래하는 데 만전을 기했다.[307] 소문은 소문으로 그치는 듯했지만, 제국신문 보도 다음 날 궁내 소식에 정통한 『황성신문』은 '천릉 후보지는 수원 용주사와 양주 차유고개(車踰峴·차유현)와 광주산성 가운데 용주사가 내정됐다'고 보도했다.[308]

그리고 해를 넘긴 1900년 2월 27일 『황성신문』은 '민영준 씨가 능지陵地를 보러 갔는데, 양주 금곡으로 결정될 듯'이라고 특종을 터뜨렸다. 훗날 민영휘로 개명한 민영준은 당시 궁중 의례를 담당하는 장례원경이었다.

마침내 6월 21일 궁내부 특진관인 종친 이재순이 공식적으로 왕비릉 이장 문제를 꺼냈다.

"모두가 홍릉이 완전무결한 길지가 아니라고 하니, 억만 년토록 국가의 기반이 매우 공고해지도록 홍릉을 옮기소서.”

고종은 이리 답했다.

“오래전부터 논의가 있었지만 처리하지 못했다. 효성 깊은 동궁이 밤낮으로 애를 태우니, 신중히 결정하리라.”[309] 사흘 뒤 청량리 홍릉을 점검한 관리들이 ‘과연 홍릉은 명당이 못 된다’고 보고했다. 고종은 “시간이 없어서 임시로 쓴 못자리”라며 “풍수가와 조정 논의가 동일하니, 홍릉을 이장한다”고 선언했다.[310] 비극적으로 죽은 왕비릉이 국가 운명을 저해하고 있다고 결론 내린 것이다.

금곡리에서 군장리로 바뀐 길지

7월 11일 전국 주요 길지 27군데를 답사한 관리들이 고종에게 후보지 네 군데를 보고했다. 양주에 있는 금곡리와 군장리, 차유고개와 화접동이 그 후보지였다. 8월 24일 이 가운데 금곡리가 최종 천장지로 확정됐다. 9월 1일 홍릉 천장 날짜가 확정됐다.

‘음력 8월 17일 천장을 개시. 윤8월 9일 풀을 베고 흙을 파냄. 8월 22일 관 자리 위에 움막 설치. 9월 19일 7척 깊이로 땅을 파냄. 10월 12일 서쪽 방향부터 관을 꺼내 15일 발인’ 등등. 옛 왕릉과 새 왕릉에 상여를 놓을 방위까지 모두 정해놓았다.[311]

그런데 열하루 뒤 금곡리 묘터가 길지가 아니라는 보고가 올라왔다. 왕릉으로 꺼려야 하는 두 가지 지형지물이 있다는 것이다. 고종은 “새 못자리를 고르라”고 명했다.[312]

10월 15일 새 못자리를 고르고 온 관리들이 군장리와 장안리와 팔곡산이 길지라고 보고했다. 사흘 뒤 관리들은 금곡리 옆 군장리가 상길지라고 보고했다. 10월 29일 군장리에 왕릉 예정지임을 알리는 봉표가 세워졌다.

10월 30일 작업을 마친 관리들에게 고종이 물었다.

"(태조 이성계 능인) 건원릉보다 높던가?"

관리들이 답했다.

"높지는 않으나 존엄한 기상이 있습니다."

고종이 이렇게 말했다. "이제 길조를 얻었으니 매우매우 기쁘고 행복하구나(今得吉兆萬萬喜幸矣·금득길조만만희행의)!"[313] 망국을 몇 년 남기지 않은 군주가 건국의 아버지 이성계를 뛰어넘을 생각에 흥분한 모습이 아주 흉하다.

횡액을 만난 무덤 2만 기

그런데 고종은 원래 예정했던 금곡리도 놓치고 싶어 하지 않았다. 새 못자리 선정 작업이 한창인 9월 21일 고종이 조령을 내렸다. 내용은 이러했다. '금곡리 새 능의 경계에 있는 무덤들을 모두 옮겨라.'[314]

금곡리 예정지에 있는 무덤은 모두 2만 기가 넘었다.[315] 확정도 안 된 왕릉 이장으로 옛 무덤들이 횡액橫厄을 만난 것이다. 무덤 주인들 가운데에는 세종 막내아들 영응대군 부부를 비롯한 왕실 종친들이 셀 수 없었고 세종 때 문신인 조말생과 양주 조씨 문중 묘 110기가 포함돼 있었다. 고종은 이들 후손에게 대토代土를 내주고 이장 비용과 제사 비용을 대주라고 명했다.

영응대군 부부 묘는 경기도 현 시흥 땅으로 이장됐다. 양주 조씨 조말생 문중은 현 남양주 수석동에 땅을 하사받고 조말생 묘를 옮겼다. 다른 조씨 문중 묘들은 전국으로 흩어져 이장됐다.

수석동 조말생 새 못자리에는 석실서원이 있었다. 병자호란 때 척화를 주장했던 김상헌 문중의 서원인데, 1868년 흥선대원군 서원 철폐령에 의해 철거된 서원이다.

그러니까 아버지 대원군이 비워놓은 땅을 아들 고종이 조말생 못자리로 내준 것이다. 다음은 실록에 기록된 당시 묘를 이장당한 주요 왕실 및 공신 명단이다.

조말생 후손들은 1900년 당시 금곡리에서 전국으로 뿔뿔이 이장됐던 문중 묘들을 하나둘씩 수석동으로 옮겨왔다.

정정옹주貞靜翁主(태종 일곱째 딸) 부부, 숙혜옹주淑惠翁主(태종 아홉째 딸) 부부, 영웅대군永膺大君 이염(세종 막내 적자) 부부, 의창군義昌君 이강(세종 서출 10남 2녀 중 3왕자), 금계정錦溪正 이기, 금성도정錦城都正 이위, 동성군東城君 이순, 사산군蛇山君 이호(이상 의창군 이공 아들), 능천군綾川君 구수영(세종 막내 영웅대군 이염 사위), 호양공胡襄公 구치홍(구수영 아버지), 문강공文剛公 조말생(세종 때 문신), 안양군安陽君 이항(성종 셋째 아들) 부부, 효순공주孝順公主(중종 딸) 부부, 신용개申用漑(중종 때 문신, 신숙주 아들), 반성부원군潘城府院君 박응순(선조 장인, 의인왕후 아버지) 부부, 능안부원군綾安府院君 구사맹(인조 아버지 정원군 장인, 추존 인헌왕후 아버지) 부부, 능성부원군綾城府院君 구굉(인조 외삼촌, 구사맹 아들), 능천부원군綾川府院君 구인후(인조 외사촌 형, 구사맹 손자), 능풍부원군綾豊府院君 구인기(인조 외사촌 동생, 구사맹 손자), 한원부원군漢原府院君 조창원(인조 장인, 계비 장렬왕후 아버지) 부부316

그러니까 왕비 이장을 위해 개국 때부터 인조 때까지 역대 공주와 왕자, 왕비 아버지와 공신들을 떼로 금곡리에서 몰아냈으니 조선왕조 500년 사상 참으로 유례가 없는 일이었다.

날벼락 맞은 이괄 문중 묘

그 과정에서 횡액을 만난 문중이 하나 더 있었다. 바로 수석동 골짜기에 있던 이괄 문중 묘들이다. 1624년 인조 때 난을 일으켜 처형된 이괄 문중 무덤이 이곳에 있었다. 세간의 주목을 끌까 쉬쉬하고 있던 주민들은 이 묘들을 파묘하고 석물들을 골짜기 아래로 던져버렸다. 큰 비석은 80여 년 전 마을 앞에

1900년 홍릉 천장이 결정되면서 인조 때 쿠데타를 일으켰던 이괄 문중 묘가 날벼락을 맞았다. 조말생 묘가 수석동으로 이장되면서 수석동 주민들은 수석동 골짜기에 있던 이괄 문중 묘들을 파묘하고 석물들은 골짜기에 버리고 비석은 콘크리트 다리 밑에 묻어버렸다.

콘크리트 다리를 만들 때 교각 아래 파묻고 시멘트를 발라버렸다.[317] 골짜기에는 석물들이 자빠져 있지만 비석 위에 만든 다리 자리에는 큰 교회가 들어서 찾을 길이 없다.

나라 멸망 9년 뒤에야 이장된 홍릉

금곡리 무덤들을 다 철거하고, 군장리로 장지를 확정한 뒤 또 변고가 벌어졌다. 1901년 4월 10일 무덤 공사를 벌이던 군장리 묘터가 온통 바위투성이라는 사실이 밝혀졌다. 노발대발한 고종은 "묫자리를 정한 지관들을 몽땅 처벌하라"고 명했다.[318] 그달 21일 고종은 양주 각지를 살피고 온 관료들 의견

금곡리에 있는 홍릉. 1919년 고종이 죽은 뒤 청량리에 있던 왕비 민씨릉을 옮겨와 금곡리에 합장했다. 조선식 정자각 (丁字閣) 대신 중국 황제릉 형식의 일자각(一字閣)이 세워져 있다.

을 따라 원래 예정지였던 금곡리를 최종 천장지로 '영원히' 확정했다.

이후 수시로 청량리 홍릉 이장 날짜가 정해지고 천장 작업이 개시됐다. 하지만 '날짜가 맞지 않고' '나라가 사라지고'(1905) '고종이 강제 퇴위되는' (1907) 등 사건이 발생하면서 실행은 되지 않았다. 그러다 1919년 고종이 죽고 나서야 금곡리로 청량리 홍릉 천장이 실행에 옮겨졌다. 그래서 고종은 지금 왕비 민씨와 금곡 홍릉에 잠들어 있다.

꺼지지 않은 향불

3년이 지난 1922년 12월 홍릉 능참봉을 자처했던 고영근이 고종 묘호가

새겨져 있지 않은 채 누워 있던 비석에 '고종태황제高宗太皇帝'를 새겨넣고 비석
을 바로 세웠다.319 고영근은 민비를 살해한 우범선을 일본에서 암살한 인물
이다. 해방 2년 전인 1943년 6월 30일 일본에 있던 영친왕이 금곡 홍릉을 참
배했다. 신분은 순종을 이은 '조선 이왕李王'이었다.320 나라는 사라졌는데, 전
주 이씨 향불은 꺼지지 않은 것이다. 땅의역사

05 | 경기도 구리 가정집 빨래판으로 쓰이는 청나라 황제 푸이(溥儀)의 휘호

친일 매국 귀족 윤덕영의 구리시 별장 터 비석의 비밀

경기도 구리시 구리시청 뒷산에 있는 한 가정집에는 진귀한 빨래판이 누워 있다. 청나라 마지막 황제 푸이가 쓴 휘호
가 새겨진 비석이다. 이 집이 들어선 골짜기에는 식민시대 대표적 매국 귀족 윤덕영의 별장 강루정이 있었다.

2011년 봄 중국 베이징에 있는 차이나 가디언 경매회사에 청나라 마지막 황제 푸이溥儀(부의)가 쓴 서예 작품 한 점이 출품됐다. 가로 54cm, 세로 105cm짜리 비단 3폭으로 구성된 작품이다. 한 폭에는 '允執厥中·윤집궐중' 넉 자가 적혀 있었다. 서경에 나오는 사자성어로 '왕위에 올라 정사에 임할 때 마음이 어느 한 곳에 치우치지 말고 오로지 그 중심을 잡아 모든 일을 처리하라'는 뜻이다. 논어에는 '允執其中·윤집기중'으로 나온다. 또 한 폭에는 이에 대한 설명이, 다른 한 폭에는 북송대 철학자 장횡거의 말이 적혀 있다.

세상을 위해 마음을 세우고(爲天地立心·위천지입심)
백성을 위해 도를 세우며(爲生民立道·위생민입도)
지나간 성인을 위하여 끊어진 학문을 잇고(爲去聖繼絕學·위거성계절학)
후세를 위하여 태평한 세상을 연다(爲萬世開太平·위만세개태평)

60만 위안에서 시작한 입찰은 97만7,500위안까지 올라가 낙찰됐다. 2022년 환율로 한국 돈 1억9,376만 원이다. 출품자도 낙찰자도 정체나 국적은 모른다. 그런데 대한민국 경기도 구리시청 뒤편 산기슭에 있는 한 민가 빨래판에도 같은 글, 같은 글씨로 새긴 비석이 누워 있다. 이 무슨 조화인가.

경매에 나온 원본 왼쪽에는 '大淸宣統皇帝·대청선통황제'라고 적혀 있고 오른쪽에는 이렇게 적혀 있다.

'조선 경성 인왕산록 승우원 천성정에 사는 윤덕영에게 특별히 써준다(爲朝鮮 京城 仁王山麓 承佑園天成亭 尹悳榮 特書之·위조선 경성 인왕산록 승우원 천성정 윤덕영 특서지)'

2011년 중국 차이나 가디언(China Guardian) 경매에 나온 푸이 휘호 원본. 각 폭마다 오른쪽에 '경성 사는 윤덕영에게 특별히 준다'라고 적혀 있다. 위 비석 뒷면에 이 글이 새겨져 있을 것으로 추정된다. [차이나 가디언 옥션]

그러니까 청나라 마지막 황제 푸이가 조선 대표 매국 부호 윤덕영에게 써 줬다는 말이다.

구리시 산속 빨래판에는 이 '준 사람'과 '받는 사람' 이름이 빠져 있고, 대신 경매 출품작 세 폭 내용이 합쳐서 새겨져 있다. 비석을 뒤집으면 원본에 있는 푸이, 윤덕영 이름이 새겨져 있음이 분명하다.

하여, 하도 희한해서 알아보았다. 나라가 식민지로 추락하는 데 결정적 역할을 한 조선귀족 자작子爵 윤덕영과 자기 황민에 의해 타도된 청나라 마지막 황제 푸이와 경기도 구리에 있는 야산은 무슨 관계가 있었는지.

조선귀족과 윤덕영

조선귀족은 조선 식민지화에 '당초에 대훈로大勳勞(큰 공과 노력)가 있는 사람을 더 귀하게 하고 영화롭게 하기' 위해 신설된 신분이다.[321]

이들은 후백자남侯伯子男 순으로 네 등급 귀족 작위와 은사금을 받았다. 76명이었다. 종친과 고관대작이라는 신분을 기준 삼아 총독부가 일방적으로 귀족 작위를 준 사람도 있었다. 거부한 사람도 있었고 반납한 사람도 있었다. 은사금만 받은 현실주의자도 있었다.

1910년 10월 7일 서울 남산 조선총독 관저에서 조선귀족 수작식이 열렸다. 작위를 수여하는 초대 총독 데라우치 마사타케 앞에 대한제국 고관대작과 전주 이씨 종친이 모였다. 혹자는 조선 전통 대례복, 혹자는 대한제국 군복 정장으로 복장은 별의별 게 다 있었으나 당시 신문 보도에 따르면 '각자 날리는 희열喜悅은 일장 가관이었다.'322

후작 작위를 받은 종친 이해승은 10월 11일 경기도 양주에 있는 선조 묘소에 작위를 받았음을 조상에게 알리는 서작 봉고식을 거행했다. 1905년 을사조약 체결 직후 자결한 조병세 사위 이용직도 자작 작위를 받았는데 이용직 또한 중부 수진동에 봉안한 선조 묘에 참배했다. 선조는 목은 이색이다.323 이용직은 3·1운동에 동조했다가 작위를 박탈당했다.

작위 수여식 직후 조선귀족 대표가 마차를 타고 덕수궁에 가서 이태왕 고종에게 작위 수여 사실을 보고했다. 그가 광무제 고종 비서실장 격인 전 대한제국 시종원경 윤덕영이다.324 윤덕영은 자작, 동생이자 순종비 윤씨 친아버지인 윤택영은 제일 높은 후작 작위를 받았다. 윤덕영이 받은 은사금은 5만 엔이었다. 동생 택영 은사금은 50만4,000엔으로 76명 가운데 최고액이었다.

'신랄·냉혹·끈질긴' 식민귀족 윤덕영

윤덕영 집안은 부유했다. 그런데 1904년 내각총리대신을 지낸 양아버지

윤용선이 죽고 순식간에 낭비벽으로 몰락했다. 황실 종친 이해승 집에 얹혀살던 윤덕영은 1906년 조카딸 윤씨가 순종 계비로 간택되면서 활짝 팔자를 고쳐버렸다. 사돈이 된 황제 고종은 벽동(가칭 '이건희미술관' 예정 부지인 송현동) 일부를 윤씨 형제 땅으로 하사했다.[325]

비서실장 격인 시종원경까지 발돋움했던 윤덕영은 1910년 한일병합조약 체결에 결정적인 '공헌'을 하며 조선귀족 자작 작위를 받았다. 이왕직 일본인 관리 곤도 시로스케權藤四介에 따르면 윤덕영은 '왕실 존엄과 영광을 영원히 보존할 길은 병합뿐이라고 설득해 고종 양해를 얻는 데 성공한' 사람이었다.[326]

병합조약 조인을 앞두고 조카딸인 순종비 윤씨가 황제 어새를 감추자 강압으로 어새를 빼앗아 날인했다는 말도 있다. 1926년 5월 31일 『조선일보』는 '어새를 따로 보관한 덕분에 은사금을 46만 엔 받았다'고 보도했다. 당시 상해 임시정부가 출판한 『한일관계자료집』과 정교의 『대한계년사』도 '황후가 보관한 어새를 윤덕영이 빼앗아 이완용에게 넘겨줬다'라고 기록했다.[327]

실제로 그가 받은 은사금은 세간에 알려진 46만 엔이 아니라 5만 엔이었으니[328] 예외적인 거액은 아니었다.

대신 그는 '열심히 노력했다.' 병합 2년 뒤 윤덕영은 순종을 도쿄로 보내 천황을 알현하게 하려는 총독 하세가와 계획을 성사시켜 총독부 환심을 완벽하게 얻었다. 윤덕영은 매일 낮부터 새벽까지 '신랄하고 냉혹하고 끈질기게' 덕수궁 고종 앞에 서서 심신에 피로를 안겨줘 순종 알현 허락을 받아냈다. 고종은 "조선 500년 동안 본 적 없는 간악한 자"라고 그를 비난했다.[329]

1910년 윤덕영은 옥인동 47번지 땅을 구입했다. 땅은 눈덩이처럼 넓어져 1927년 현재 땅 면적은 1만9,467평으로 옥인동 전체 3만6,361평의 절반에

서울 옥인동 벽수산장에서 촬영된 윤덕영. 바위에 '벽수산장' 각자가 보인다. [화봉갤러리]

달했다.[330] 그 땅에다가 윤덕영은 집을 지었다. 망국 전 프랑스공사 민영찬이 가져온 귀족 별장 설계도를 입수해 집을 지었다. 집 이름은 '벽수산장'이라고 지었다. 하도 크고 화려해 사람들은 '아방궁'이라고 불렀다. 1913년 시작된 공사는 1926년에도 미결 상태였다. 이 집에서 벌어진 어마어마한 일들은 다음에 이야기하자.

황제의 휘호, 산중의 빨래판

이제 식민 대표주자 윤덕영과 황제 휘호 관계다. 1911년 신해혁명으로 청 제국은 멸망했다. 이듬해 중화민국공화국이 탄생했지만 황실까지 사라지지는 않았다. 중화민국 정부는 옛 황실과 '청실우대조건淸淸室優待條件'이라는 협정을 맺고 황제 명칭은 존속시키고 해마다 세비 400만 냥을 지급하고 종묘와

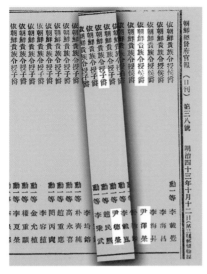

윤덕영과 동생 윤택영을 포함한 조선귀족 명단이 실린
1910년 10월 12일 조선총독부 관보 [중앙도서관]

능침 또한 유지시키기로 결정했다.[331] 조선총독부가 고종 황실에 대해 '신분
보장 및 세비 지급'을 약속한 관계와 유사하다. 1924년 이 우대조건이 수정될
때까지 옛 황제는 선통제 칭호를 사용했다.

빨래판으로 쓰이고 있는 비석 휘호에는 이 '선통제' 명칭이 적혀 있다. 그러
니까 이 휘호는 그가 등극한 1906년부터 1924년까지 어느 시점에 쓴 글씨다.
식민귀족 윤덕영이 권세와 금력이 하늘을 찌르고 강물을 덮던 시기다. 그때
동생 윤택영은 그 많은 가산을 탕진하고 빚쟁이들을 피해 베이징으로 달아난
상태였다.

그 어느 시점에 황제 호칭을 유지하던 푸이로부터 인왕산에 거거대대하게
지어놓은 집에 대한 헌사를 받아온 것이다.

그리고 문중 사람이 집성촌을 이룬 경기도 구리에 또 별장을 지은 것이다.

고종과 민비릉이 있는 금곡 땅을 봐준 지관 서규석에게 입지를 받아 집을 짓고 이를 '강루정降樓亭'이라고 했다.[332] 구리시청 뒤편 산을 차지한 강루정에는 연못과 분수와 각종 석물이 가득했다. 동생이 받아온 휘호 3폭을 모아 비신 가득 새겨넣은 뒤 강루정 사랑채 앞에 세워놓았다.

1935년 윤택영이 베이징에서 객사했다. 장남 홍섭은 아버지에 등을 돌리고 중국과 미국에서 독립운동을 했다. 1940년 사치를 누리던 윤덕영이 죽었다. '일한합병의 공로자로 유일한 생존자 고 윤덕영 자작의 장례식이 엄숙히 진행됐다.(중략) 영구는 양주군 구리면 등룡동 묘지로 떠나 세 시에 하관하였다.'[333] 교문동이 된 그 등룡동에는 윤덕영 가족묘지가 있었다. 그 가족묘 옆에 별장을 짓고 살다가 그리로 돌아갔다. 묘들은 전후 1960년대 들어 하나둘 이장되고 텅 비었다. 별장도 그리되었다.

그 비석이 지금 옛 별장 자리에 들어선 가정집에 자빠져서 훌륭한 빨래판 역할을 하고 있다. 별장은 대문 기둥 하나, 석물 서너 개와 연못 자리 정도 남아 있다. 비석 주인에 대해 악평밖에 없다 보니 민간은 물론 구리시청에서도 흥미를 보이지 않는다. 한 시대를 좌지우지하며 일신영달을 추구하던 한 악인惡人 흔적이 이 모양이다. 이 비석이 빨래질에 닳아서 없어지면 그 악인을 기억할 방법이 없다. 그러면 어찌할까. 구리 향토사학자 한철수(구지옛생활연구소장)가 말한다.

"똑바로 세워서, 남 눈 두려워하며 살다 간 그 윤덕영을 모두가 볼 수 있게 해야 하지 않겠는가."[땅의역사]

4장

뜻밖의 흔적: 식민과 근대

그때 그들은…

군산항 전경

01 인천 외국인묘지에서 구한말 역사를 만난다

인천 외국인묘지 군상(群像)

인천광역시 인천가족공원에 있는 외국인묘지. 맨 왼쪽은 개항기 인천에서 활동했던 미국 상인 타운센드 묘다. 가운데에는 둥근 켈트 십자가는 인천에 성누가병원과 고아원을 만들고 한국 동요를 정리한 영국 성공회 선교사 일라이 랜디스 묘다. 군인, 성직자, 공무원에서 사업가와 어린아이까지 인천 외국인묘지에는 멀리는 150년 전 이 땅에 왔던 다양한 사람들이 잠들어 있다.

인천광역시 부평구에 있는 인천가족공원 안쪽에는 외국인묘지가 있다. 구한말에서 식민시대까지 인천과 인연을 맺었던 외국인들이 잠든 묘지다. 1914년에 중구 북성동에 처음 조성됐다가 6·25 때 파괴돼 청학동으로 옮긴 뒤 2016년 공원으로 이전됐다. 멀리는 150년 전 많은 꿈을 안고 왔다가 돌아가지 못한 영혼들이 함께 안식한다.

영국, 이탈리아, 체코, 러시아 민간인과 병사들도 있다. 만 세 살을 갓 넘긴 저스틴 매카시라는 미국(?) 아이도 묻혀 있고 하나 글로버 베넷Hana Glover Bennett이라는 스코틀랜드 여자 묘도 있다. 이 여자는 1873년 일본 나가사키에서 태어나 1938년 인천에서 죽었다.

갑신정변 때 죽은 일본인 사업가 오쿠가와 가타로(奧川嘉太郎) 묘

그 가운데 구한말 조선이 맞닥뜨린 거대한 시대정신, 근대화近代化 물결과 함께 흘러간 사람들이 있다. 월터 타운센드Walter Townsend(미국) 그리고 오쿠가와 가타로奥川嘉太郎(일본). 비슷한 시기에 일본 개항지 나가사키에도 비슷한 생을 살았던 사람이 있다. 이름은 블레이크 글로버Blake Glover(스코틀랜드)다. 인천 외국인묘지에 잠들어 있는 하나 글로버의 친아버지다. 흥미진진한 소설이나 영화라면 좋았을, 150년 전 이방인들의 인생유전과 구한말 조선의 얄궂은 만남.

개항, 갑신정변, 오쿠가와 형제

1883년 제물포가 개항됐다. 1876년 강화도조약을 통해 조선이 나라 문을 연 이래 조선 정부는 전국 주요 항구를 외국에게 개방했다. 일본은 자기네와 가까운 부산, 그리고 수도 한성과 가깝고 대륙 진출이 용이한 제물포를 개항지로 요구했고, 관철됐다. 개항할 무렵 인천에 조선인은 10여 집밖에 없었고 '갈대만 무성히 자라고 월미도 동쪽과 만석동 해변 작은 어촌에서 슬픈 아리랑만 들려오는 땅'이었다.

개항하던 그해 조선인 공식 인구는 0명이었다. 그 무주공산에 들어온 일본인은 348명이나 됐다. 러일전쟁이 터지자 전쟁특수를 노린 모험 상인들이 쏟아졌다. 『인천부사仁川府史』(1933)에 따르면 1905년 인천에는 조선인이 1만 866명, 일본인이 1만2,711명으로 일본 사람이 더 많았다.[334]

1884년 12월 4일 갑신정변이 터졌다. 46시간 만에 쿠데타는 대실패로 끝났다. 주동자들은 일본군 엄호 속에 제물포에서 배를 타고 일본으로 망명했다. 그 과정에서 많은 사람이 죽었다. 1878년 가족과 함께 돈을 벌러 입국한 오쿠가와 가타로와 동생 요시카즈義一도 죽었다. 형 가타로는 1883년 조선 정부 의뢰로 증기 기선을 도입하려 하기도 했고[335] 조선인과 합작해 일본식 사기그릇 공장을 설립하기도 했다.[336]

갑신정변이 터졌다. 그 무렵 한성에 살고 있던 일본 민간인은 20여 명이었는데 난리통 속에서 많은 이가 죽었다. 정변을 지원한 일본인들은 정변에 반대한 사람들로부터 생명의 위협 속에 인천으로 달아났다. 오쿠가와 형제도 그때 죽었다. 일본인들은 이들을 '조난자遭難者'라고 불렀다.[337] 형은 32세였고 동생은 15세였다. 오쿠가와 집안에게는 다행스럽게도, 외국인묘지 일본인 묘역 첫 번째 자리에 형제가 잠들어 있다. 근대화 물결 속에 역사 수레바퀴에 치여 희생된 영혼들이다.

근대화와 조선 정부와 타운센드

새롭게 문을 연 신천지였다. 세상 물정 모르는 이 나라에서 부를 거머쥐기 위해 수많은 사람들이 인천으로 입항했다.

월터 타운센드도 그중 한 명이었다. 보스턴 출신인 타운센드는 미국인 모스가 일본에서 운영하는 미국무역상사 American Trading & Co 직원이었다. 그런데 1883년 개화파 김옥균이 차관을 얻기 위해 일본에 가면서 인연이 시작된다.

왜 차관이 필요했나. 돈이 없어서다. 뒤늦게 개항을 하고 근대화를 하려다 보니 조선 정부 재정이 부실했다. 1881년 청나라로 떠났던 군사유학단 영선사領選使 일행은 식비조차 없었다. 영선사 단장인 김윤식은 이렇게 기록했다.

'가지고 간 인삼을 은銀으로 바꿔주지 않아 밤낮으로 빈궁해져 사방에 빚

을 구걸하며 눈앞의 긴급함을 구하였다.'[338]

조선 정부에 왜 돈이 없었는지 이야기하려면 국부國富와 강병强兵을 위한 부강책의 초장기 실종사태에 대해 말해야 하니 밑도 끝도 없겠다.

어찌됐든 김옥균은 근대화를 위해 차관을 빌리러 일본에 갔고, 일본 정부로부터 거부를 당했으며, 그때 미국 상인 모스가 차관 제의를 받아들였고, 이를 위해 모스가 조선으로 파견한 직원이 월터 타운센드였다. 조선 정부는 울릉도 벌채권을 담보로 타운센드 측과 차관 계약을 맺었다.

고종과 타운센드, 그 악연

그런데 1884년 갑신정변이 터지며 모든 게 돌변했다. 고종 정부가 이 벌채권을 주는 대가로 일본에 체류 중이던 유학생 위탁 송환을 요구한 것이다. 고종 정부는 유학생들을 모두 잠재적인 역적으로 인식하고 있었다. 당시 일본에는 김옥균과 박영효가 보냈던 관비, 사비 유학생 18명이 있었는데 이들 가운데 1명을 제외한 전원 송환을 타운센드에게 위탁했다.[339]

타운센드가 배 한 척 분량 목재를 팔아 만든 돈에 조선 정부가 관세 회계에서 빼낸 돈을 합쳐 고종 정부는 이듬해 6월 유학생들을 송환했다. 명분은 '정변 후 학업 소홀'이었지만 실질은 개화파 박멸이 목적이었다. 실제로 당시 미국 유학 중이던 유길준의 사촌 동생 유형준은 그때 송환돼 처형됐다.[340]

이후 타운센드가 고종 정부와 합작한 사업은 성과가 눈부시다. 1884년 평안도를 시작으로 금광을 탐사하던 타운센드는 당시 미국 공사 호러스 알렌에게 국내 최대 금광산인 운산금광 정보를 알려줬고, 알렌은 왕비 민씨로부터 운산금광을 '선물'받았다. 타운센드는 상인이기도 했고 광산 기사이기도 했다. 공무원 신분인 알렌은 조선 정부와 미국인 모건 사이에 계약을 맺도록 주선했다. 훗날 고종은 현금 1만3,500달러를 받고 운산금광 40년 채굴권을 미국회사에 팔았다. 1896년부터 미국 회사가 광산을 일본에 넘긴 1938년까지 미국 측이 가져간 순익은 1,500만 달러였다.[341]

1887년 에디슨 전기회사의 경복궁 전등 설치 공사를 중개하고 부품을 수입한 사람도 타운센드였다. 1896년 미국 사업가 데쉴러Deshler가 하와이 이민 사업을 추진할 때도 타운센드가 개입했다. 1897년 3월 31일 경인철도 기공식에서 테이프를 끊은 사람도 타운센드였다.[342] 미국 스탠더드 석유회사 한국지점장 또한 타운센드였다. 을사조약 체결 사흘 뒤인 1905년 11월 20일 미국공사관이 이토 히로부미를 초대해 가진 만찬에도 타운센드는 미국 측 참석

조선 근대화 과정에 깊이 간여했던 미국 사업가 월터 타운센드 묘

자에 포함돼 있었다.

청운의 꿈을 품고 신천지에 발을 디뎠던 미국인 청년은 그 파란만장 혹은 화려한 생을 살고 1918년 62세로 인천에서 죽었다. 난리통에 목숨을 잃은 일본인 가장 오쿠가와도, 조선 근대사 골목마다 얼굴을 비췄던 젊은 미국인 사업가 타운센드도 인천에 잠들어 있다.

나가사키의 상인 글로버

일본 개항장 가운데 하나였던 나가사키에는 토마스 글로버라는 스코틀랜드 상인이 살았다. 타운센드처럼 대^對유럽 무역을 독점하던 상인이었다. 스물한 살 때인 1859년 일본에 입국한 이래 총포, 화약, 군함, 차, 도자기, 그림 따위 오만 잡것들을 수입해 파는 무역으로 큰돈을 벌었다. 그 돈으로 글로버는 조선소, 철도, 맥주까지 '일본 최초의 서구西歐'를 팔고 더 많은 돈을 모았다.

'신천지 성공 신화'라는 관점에서 글로버는 제물포에 살던 미국인 타운센드와 비교할 만한 인물이다. 글로버는 단순한 무역상이 아니라 일본 근대화 작업인 메이지유신에 깊이 간여한 인물이다.

메이지유신 5년 전인 1863년 근대화를 주도하던 조슈 번(현 야마구치현) 청년 5인이 극비리에 영국으로 유학을 떠났다. 조선 식민지화 원흉이라 할 수 있는 이토 히로부미와 민비 암살사건에 간여한 이노우에 가오루도 그 5명에 끼어 있었다. 막부 허가 없는 출국은 금지된 시대였다. 이들을 비밀리에 자기 회사 상선에 태워 밀항을 도운 사람이 글로버였다. 2년 뒤 1865년에는 사쓰마 번 청년 15명이 또 글로버 회사 상선을 타고 영국으로 유학을 떠났다.

당시 앙숙지간이던 조슈 번과 사쓰마 번(현 가고시마현), 두 번이 동맹(삿

초 동맹)을 맺은 배경도 글로버였다. 글로버의 동업자 혹은 '얼굴마담' 격인, 낭만적이되 걸출한 무사 사카모토 료마坂本龍馬가 이 두 번을 중재했다. 그 중재에 따라 탄생한 삿초 동맹에 무기를 제공한 무기상이 또 이 글로버였다.

막부가 독점한 무역을 당시 최강 번인 조슈, 사쓰마와 글로버가 나눠 가지며 글로버는 엄청난 부자가 됐다. 그리고 일본 근대화 '지사志士' 집단은 막부를 타도하고 메이지유신을 통해 일본을 강국으로 이끌었다. 서로 이해관계가 맞아서 벌인 일이었다. 그런데 당시 일본 지식인과 권력자들은 서구 자본가에 질질 끌려다니지 않았다. 오히려 그를 이용해 나라를 새로 만들어갔다. 시대를 주도하는 실천력이 이뤄낸 역사다.

지금 나가사키에는 글로버가 살던 저택 '구라바엔(글로버 정원: '구라바'는 글로버의 일본 발음이다)'이 보존돼 있다. 그가 열어놓은 무역 시장이 유럽에 알려지면서 글로버 저택은 이탈리아 작곡가 푸치니의 오페라 '나비부인' 배경이 됐다. 구라바엔에는 나비부인 프리마돈나 미우라 타마키三浦環 동상이 서 있다. 그 옆에는 1996년 이탈리아에서 기증한 푸치니 동상이 서 있다. 근대화라는 시대정신에 몇 걸음 물러나 있던 150년 전 조선에서 아쉬운 풍경이다. 150년 전 이야기다. 글로버는 지금 '스코틀랜드 사무라이'라고 불린다. 땅의역사

일본 나가사키 구라바엔에 있는 오페라 '나비부인' 프리마돈나 미우라 타마키 동상

02 "미국 회사에
운산금광을 주십시오"

호러스 알렌과 운산금광

400년 동안 조선 산하에 묻혀 있던 금은보화가 19세기 말 제국주의에 의해 털려나갔다. 그 과정에서 많은 이야기가
생겨났다. 사진은 1930년대 일본 자본이 개발한 강원도 정선 천포금광. 지금은 화암동굴 관광지로 변했다.

1884년 9월 14일 미국 북장로회 의료 선교사 호러스 알렌Horace Allen이 청나라 상하이에서 제물포행 배에 올랐다. 조선을 기독교 왕국으로 만들겠다는 장대한 꿈도 함께. 일본 나가사키를 거쳐 부산에 도착한 알렌은 그달 20일 제물포에 닿았다. 석 달 뒤 제물포에서 50마일 떨어진 한성에서 젊은 노론 개혁파가 정변을 일으켰다. 갑신정변이다. 이때 거의 죽을 뻔했던 조선 왕비 조카 민영익을 알렌이 살려줬다. 석 달 뒤 알렌은 6년 연상인 조선 국왕 고종을 알현했다. 고종 옆에는 왕비 여흥 민씨가 앉아 있었다. 남편 고종보다 한 살 연상이었다.

모든 게 연결된 그때 사람들

1896년 2월 고종이 아관俄館(러시아 공사관)으로 도피했다. 4월 고종은 아관에서 알렌에게 조선 최대 금 산지인 운산금광 채굴권을 선물했다. 이미 반년 전 왕비 민씨는 일본인들에게 암살당했지만, '왕비 조카를 살려준 은혜'를 갚은 것이다.

그해 11월 운산금광 개발을 위해 미국 광산 기술자 조지 테일러George Taylor가 조선에 도착했다. 일행은 13명이었다. 1905년 운산 노다지를 미국에 선물한 알렌이 본국으로 돌아갔다. 3년 뒤 아버지 테일러가 죽었다. 장남 앨버트Albert가 일을 물려받았다. 그 사이 대한제국은 사라졌다.

1919년 2월 28일 앨버트와 일본에서 만나 인도에서 결혼한 영국 연극배우 메리Mary 부부 사이에서 아기가 태어났다. 세브란스 병원에서 태어난 아들 브루스 요람에는 다음 날 조선 민중이 읽을 독립선언서 한 장이 숨겨져 있었다.

그때 앨버트는 운산금광을 떠나 충남 천안에서 사금砂金 광산을 개발 중이

광산 기술자 앨버트 테일러는 그 운산금광에서 일하며 아내 메리와 함께 서울에 딜쿠샤라는 벽돌집을 짓고 살았다.

앨버트가 개발했던 충남 직산금광은 훗날 미국 직산광업회사에 매각됐다. 직산광업회사가 만든 액체 운반용 파이프 이음쇠 직산(Chiksan)은 지금도 세계적인 브랜드다.

었다. 금광 이름은 직산금광이었다. 금광을 함께 개발한 미국 회사 이름은 직산광업회사Chiksan Mining Company였다. 직산금광은 1922년 폐광됐다. 이듬해 앨버트 가족은 큰 은행나무가 있는 서울 행촌동에 붉은 벽돌집을 지었다. 집 이름은 딜쿠샤Dilkusha라고 지었다. 앨버트와 아버지 조지 테일러는 지금 서울 양화진에 묻혀 있다.

폐광 후 직산광업회사는 캘리포니아로 돌아가 유전 개발업에 뛰어들었다. 1922년 이 회사는 '액체든 기체든 전혀 새지 않는' 파이프 이음쇠를 개발했다.

1940년 미국특허청에 상표 등록된 이 이음쇠 브랜드는 '직산Chiksan'이다. 고압 액-기체 수송용 파이프를 연결하는 부품인 '스위블 조인트swivel joint'가 주요 제품이다. 지금 '직산Chiksan'은 이 스위블 조인트를 뜻하는 '보통명사'가 되었다. 직산稷山. 21세기까지 통용되는 이 미제美製 부품 하나에 많은 사연이 숨어 있다. 보물을 팔아먹은 지도자, 그리고 엘도라도를 밟은 사람들의 사랑 이야기.

400년 묻혀 있던 금은보화

조선시대 금과 은은 '진실로 국가에서 사대事大하는 데 쓸 물건일 뿐'[343] 민생과 무관했다. 중국에 공물로 보내기 위해 채굴을 하고 다듬는 물건이라는 뜻이다. 그런데 채금採金은 '1년 금 캐기가 10년 공물 준비보다 갑절이나 고됐다.'[344] 금을 캔다고 다른 부역이 면제되지도 않았다. 정부에서 파견된 관리들이 주야로 채근하는 바람에 농민들은 금 캐다 말고 쓰러지기 일쑤였다.[345]

그리하여 1429년 8월 18일 세종이 명나라 황제에게 편지를 쓴다.

"우리나라는 땅이 좁고 척박해 금과 은이 생산되지 않음은 온 천하가 다 아나이다. 금과 은을 조공 물품에서 제외해 주사이다."

그해 12월 마음을 졸이던 세종에게 사신들이 '금은 조공 면제'라는 낭보를 가지고 돌아왔다.[346] 사실 조선에 금과 은이 많다는 사실은 고려 때부터 온 천하가 아는 사실이었다. 그러니 황제가 보여준 너그러움은 언제라도 분노로 바뀔 폭탄과도 같았다.

그래서 조선 정부가 택한 정책은 금은 생산 및 유통 금지였다.[347] 이후에는 왕실 수요용 금은만 농민에게 부역 생산하도록 했으나, 이 또한 농민들 저항으로 생산량은 극미했다. 이에 성종 때 이조판서 겸 원상院相(승정원 임시 최고 결정권자) 구치관이 "민간에게 광업을 허용해 생산량을 증가시키자"고 건의했으나 흐지부지 끝났다.[348]

요컨대 조공이 됐든 왕실 수요가 됐든, 조선 정부는 금은 수요를 부역을 통한 생산으로 충족했고 민간에게는 유통도 생산도 허용하지 않았다. 그렇게 금과 은은 조선 산하山河에 400년 동안 묻혀 있었다.

제국주의, 이양선 그리고 고종 정부

19세기가 왔다. 과학혁명과 산업혁명은 유럽 인류에게 가공할 힘을 선물했다. 대량으로 생산한 살상 무기를 대량으로 싣고 떠났던 유럽 상선들은 갑판 위아래에 금은보화를 싣고 귀향했다.

아메리카 대륙과 인도와 아프리카, 동남아에 이어 청나라와 일본 차례였다. 1793년 청나라 황제 건륭제가 영국 대표단에게 자유무역을 불허한 이래 청나라는 서서히 침몰 중이었다. 그때 건륭제는 사절단장 조지 매카트니를 통해 영국 왕 조지 3세에게 이렇게 친서를 보냈다.

'유럽 야만국에서 우리 차와 비단을 원하므로 이제껏 조공에 응해줬다. 하지만 천조국은 부족한 물건이 없다. 따라서 교역은 불허한다. 그대의 대사가 무지하여 내 신하들로 하여금 훈계를 하라고 했다.'[349]

편지를 열어본 매카트니는 일기에 이렇게 썼다.

'청나라는 난파한 채 바다를 떠다니다가 산산이 부서져 해변으로 밀려올 것이다. 그 어떤 방법으로도 청나라라는 배는 재건될 수 없다.'[350]

청은 1840년 아편전쟁으로 난파했다. 이에 질겁한 일본은 반강제 반자발적으로 나라 문을 열었다.

조선 차례였다. 철갑을 두른 이양선異樣船이 동해와 황해와 남해에 수시로 출몰했다. 1864년 들어선 고종 정부는 그래도 쇄국을 고수했다. 1875년 일본이 서구 제국주의를 본떠 강화도에 함포를 쏴댔다. 이듬해 조선이 나라 문을 열었다.

1880년대 미국을 선두로 조선과 조약을 맺은 서구 국가들은 조선을 이 잡듯 뒤지며 금맥을 찾았다. 외교관은 물론 광산 기술자, 지질학자, 군인, 상인까지 동원해 금을 찾았다.[351] 초대 주한 미국공사 푸트가 고종에게 "아무 지식 없이 무조건 외국인에게 금광을 허가하지 말라"고 충고할 정도로 '노다지 탐사' 열풍은 뜨거웠다.[352]

모순적이게도, 고종 정부가 가장 먼저 금광 채굴권을 선물한 나라는 미국이었다. 그 뒤에는 선교사요 의사며 외교관이며 사업가 호러스 알렌이 있었다.

1884년 9월 알렌 입국과 갑신정변

1884년 9월 14일 스물여섯 먹은 선교사 호러스 알렌은 청나라 상해上海에서 제물포행 배에 올랐다. 바로 며칠 전 아기를 낳은 아내 패니는 상해에 남겨졌다. 9월 20일 알렌은 일본 나가사키~조선 부산을 거쳐 제물포에 도착했다. 목적지는 제물포가 아니라 서울이었다. "부산은 일본인 천지요 제물포는 외국인 천지였다. 게다가 유동 인구가 너무 많아 개종을 시켜도 관리가 쉽지 않았다."[353]

이틀 뒤 당나귀를 타고 서울로 가다가 알렌은 주막에서 나반이라는 사람을 만났다. 나반은 "조선에는 금이 풍부하다"고 그에게 알려줬다. 그날 밤 서울 여관에서 만난 미국인 미첼은 알렌에게 목재 무역을 위해 내륙을 탐사 중이라고 말했다.[354] 서울에서 만난 공사 푸트는 그에게 무급 의사직을 권했고, 알렌은 수락했다. 10월 11일 알렌은 아내 패니와 아기를 데리러 상해로 돌아갔다. 배에는 영미 선교사 몇과 미국인 교수, 창녀 하나가 동승했다. 알렌은 '충격적이지만, 남자들은 대부분 정부情婦와 동행했다'고 기록했다.[355]

두 달 뒤인 12월 4일 밤 갑신정변이 터졌다. 종로 우정국 낙성식에서 벌어진 정변에서 실세 권력 중의 실세인 왕비 민씨 조카 민영익이 칼로 난자당했다. 오른쪽 귀 뒤쪽 동맥이 끊어지고 척추와 어깨뼈 사이로 근육이 잘려나갔다. 온몸이 칼집투성이였다. 산책을 마치고 집에 있던 알렌은 급히 불려 나가 한의사들이 보는 앞에서 밤새 수술 끝에 민영익을 살려냈다. 민영익은 미국 의사에게 10만 냥을 선물로 줬다.[356] 광산 이권 사업에 대한 언질도 함께.[357]

선물로 받은 운산금광

해가 지나고 1885년 3월 27일 고종 부부가 알렌을 찾았다. 알렌은 약한 천연두를 앓고 있던 조대비와 고종 그리고 왕비 민씨를 차례로 진찰하고 치료해 줬다. 한 달 뒤 알렌은 왕비로부터 100야드짜리 비단 한 필과 누런 두루마기를 선물받았다. 알렌은 조선왕실 주치의 겸 국왕 고문이 됐다.

1887년 7월 고종이 고문에게 물었다. "어떻게 하면 미국 정부의 관심을 유도하고 청나라 간섭에서 벗어나겠는가." 알렌이 즉각 대답했다. "금광을 미국 기업에 주시라. 특히 금 많기로 소문난 평안도 운산금광."[358] 이미 미국인 사업가 타운센드를 통해 운산금광 탐사를 마친 터였다. 두 달 뒤 1887년 9월 알

고종과 호러스 알렌. 1896년 고종은 미국인 의사 호러스 알렌에게 아시아 최대 운산금광을 선물로 안겼다.

렌은 정2품 참찬으로 임명됐다.

이후 조선 금광을 찾는 미국인 조사단 발길이 이어졌다. 1888년 미국에 가 있던 알렌은 광산 기사 피어스를 파견해 운산금광을 조사했다. 1889년에도 기사 5명이 내한했다. 이렇게 조선 정부 예산으로 조선 광산 정보를 모은 사람은 조선 정2품 참찬 알렌이었다.

실제로 운산금광이 미국 기업에 넘어간 것은 알렌이 주한 미국 공사관 서기관으로 이직한 뒤인 1895년이었다. 그해 7월 왕비 민씨는 알렌을 통해 미국 기업인 모스에게 운산금광 채굴권을 주라고 전격 지시했다. 계약은 7월 15일에 맺어졌다. 조건은 25년 채굴권 보장과 면세, 다른 광물도 채굴 가능, 왕실이 지분 25%를 소유해 연간 2만5,000달러 지급. 보고를 받은 미 국무장관

실Sill은 "이보다 더 조건이 좋을 수 없다(as broad as possible)"고 했다. [359]

1895년 10월 왕비 민씨가 일본인에게 암살되면서 계약은 잠정 취소됐다. 그리고 고종이 아관파천 중이던 1896년 4월 17일 고종 정부는 계약을 정식으로 허가했다.

운산금광이 미국에 넘어갔다는 소식에 조선에 들어와 있던 '모든' 나라가 동일 조건으로 금광 탐사와 채굴권을 요청했다. 나라는 바야흐로 땅속까지 털리는 중이었다. 1899년 3월 27일 대한제국 정부는 해마다 원화 2만5,000원 지급을 조건으로 지분을 모두 미국에 매각했다. 이듬해 1월 1일 대한제국은 일시불 1만2,500달러를 받고 채굴 기한을 40년으로 연장해 줬다.

운산금광에서는 '현금 1,000달러를 담은 상자를 2개씩 등에 실은 소 40마리'가 분주히 광산과 항구를 오가며 돈을 쓸어갔다. 생각도 못한 금광 허가로 미국은 세계 최고의 금 생산국이 됐다. 운산은 아시아에서 제일 수익성이 좋은 광산이었다. 1939년 미국 기업이 철수할 때까지 거둔 순익은 1,500만 달러가 넘었다. [360]

또 다른 엘도라도

1910년 훗날 미국 31대 대통령이 된 광산 기술자 허버트 후버가 일본 금융계 초청으로 한국을 찾았다. [361] '서양의 조선 광산사' 연구가 로버트 네프 Robert Neff에 따르면 그때 후버는 운산금광 주점에 들러서 술을 마시고는 술값을 떼먹고 사라져버렸다. [362] 1896년 11월 캐나다 노바스코샤 출신 미국인 광산 기술자 조지 테일러가 가족과 함께 입국했다. 제물포와 진남포를 거쳐 테일러는 두 아들과 함께 운산에서 금맥을 탐사했다. 1908년 그가 죽고 양화진 외국인묘지에 묻혔다. 이제 그 장남 앨버트가 또 다른 엘도라도를 찾을 참이었다. **(다음 장에 계속)** 땅의역사

03 | 엘도라도에서 그들은 사랑을 했다

테일러 부부와 직산금광

요코하마에서 만난 여배우 메리

1916년 연극 공연을 위해 일본 요코하마에 왔던 영국 배우 힐다 빅스Hilda Biggs는 어느 날 호모코 바다에 빠져 죽을 뻔했다. 메리 린리Mary Linley라는 예명을 쓰는 이 배우를 살려준 사람은 미국 사업가 앨버트 테일러Albert Taylor였다. 한눈에 반한 앨버트는 메리에게 호박 목걸이를 선물하고는 자기 사업장이 있는 조선으로 돌아갔다. 공연을 마친 메리는 극단 주무대인 인도로 돌아갔다.

열 달이 지난 1917년 어느 날 앨버트가 불쑥 인도 캘커타(현 콜카타)에 나타나 청혼을 했다. 결혼, 그리고 석 달을 이어간 허니문. 목적지는 일본 식민지가 된 조선 경성이었다. 경성에서는 앨버트 동생 윌리엄이 서대문 근처 한옥을 사서 벽난로를 설치한 뒤 형 부부에게 살림집으로 내주었다. 앨버트가 말했다. "7년 동안 죽도록 고생했으나, 이제 당신과 행복하리라."

충청남도 천안시 입장면 양대리에는 이곳 직산금광에서 벌어진 만세운동을 기리는 기념탑이 서 있다. 금광 공장은 탑 뒤편 공장 건물 부지에 있었다. 미국 금광업자 앨버트 테일러는 직산금광을 개발하면서 1919년 3·1만세운동을 보도 하는 기자 역할도 수행했다.

앨버트 테일러와 메리 린리 테일러 부부

충청도의 노다지, 직산금광

1896년 운산금광이 미국에게 넘어가자 조선과 수교한 모든 국가가 일제히 동일한 조건으로 채굴권을 요청했다. 조선 팔도 금 산지 가운데 충남 천안에 있던 직산 지역은 일본에 의해 채굴이 시작됐다. 1898년 8월 조선인 금광을 인수한 일본인이 채굴을 시작한 이래 직산금광은 뒤늦게 외국인 채굴을 금지한 대한제국 정부와 일본 정부 사이에 큰 갈등을 일으켰다. 결국 1900년 8월 16일 대한제국 궁내부는 일본 금융계 거물인 시부자와 에이치澁澤榮ー 측과 직산금광 채굴권 양여 계약을 맺었다.[363] 1907년 일본 측은 미국 자본도 끌어들였다. 채굴량이 예상보다 적자 일본 측은 1911년 미국 자본에게 채굴권을 넘겼다.[364]

그 채굴권을 산 사람이 앨버트 테일러였다. 요코하마에서 메리를 만났을 때 앨버트는 주주를 모아 자금을 마련한 뒤 직산 땅을 매입하고 7년째 소규모로 채광 작업을 하던 중이었다. 직책은 총관리인이었고 연봉은 무급이었다.

직산금광을 운영했던 미국 기업 '직산광업회사'의 '직산(CHIKSAN)' 브랜드와 파이프 이음쇠 '직산 스위블 조인트'. 2023년 현재에도 널리 쓰이는 부품이다.

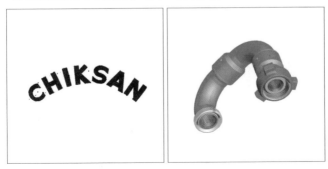

훗날 앨버트는 아내 메리에게 "대박이 나리라 확신하고 월급 대신 주식을 받았다"고 했다.

직산금광은 사금광砂金鑛이었다. 사금을 캐기 위해서는 물을 퍼내고 사금을 걸러내는 준설기가 필요하다. 요코하마에는 그가 주문했던 준설기가 미국에서 도착해 있었다. 그때까지 앨버트는, '손으로 금을 채취했고, 임금이 체불된 광부들에 협박당했으며, 쌀을 구하기 위해 죽음기를 들고 마을을 돌아다니는' 험난한 세월 7년을 보냈다고 했다.[365] 채산성을 낮게 봤던 일본 예상과 달리 직산은 운산, 수안금광과 함께 식민지 조선에서 미국이 운영하는 대표적인 금광이 되었다.[366]

테일러 부부의 엘도라도, 조선

미국 네바다에는 버지니아 시티가 있다. 미국 골드러시가 불었던 대표적인 금광촌이다. 소설가 마크 트웨인도 노다지를 따라와서 쫄딱 망한 뒤 버지니아 시티에서 기자가 되고 소설가가 됐다. 앨버트는 이 금광촌 한 갱도 입구에서 태어났다.

금맥을 노리는 금광업자에게 고생은 아무것도 아니었다. 메리에 따르면, 운산금광 시절 테일러 부자는 크리스마스와 미국 독립기념일 이틀 외에는 쉬지 않았고, 훈제 청어와 양고기 통조림으로 몇 달을 버텼다고 했다. 7년을 그렇게 버티던 광부 아들 앨버트가 이제 자기 남편이 된 것이다. 그것도 광산을 소유한 성공한 사업가로.

메리가 '조선에서 만난 미국인 가운데 가장 금광꾼 인상에 걸맞은 거구巨軀'라고 했던 시동생 윌리엄은 광산을 떠나 철도호텔(현 웨스틴조선호텔) 옆에 수입잡화상을 운영했다. 윌리엄이 운영한 잡화상은 타자기며 축음기며 온갖 진귀한 서구 물품을 팔았다. 그 돈으로 형과 형수는 안락한 신혼집을 차렸고, 형은 직산을 오가며 금을 캤다.

1904년 러일전쟁이 터졌다. 윌리엄은 『뉴욕 헤럴드』지 통신원으로 일하며 조선을 돌아다녔다.[367] 형 앨버트는 1919년 고종이 죽자 'AP통신'에 의해 '자기도 모르게' 통신원으로 고용됐다. 눈부신 본업은 물론 지적인 부업까지, 조선은 그들에게 엘도라도였다.

직산 광부들의 다양한 삶과 김봉서

앨버트가 들여온 사금 채취용 준설기를 사람들은 '금배'라고 불렀다. 금을 낳는 배라는 뜻이다.

"금배로 성환천 위아래를 훑으며 쉴 새 없이 바닥을 파 제쳤다. 금배가 엉금엉금 기면서 논바닥을 밀고 내려가면 도랑이 생기곤 했는데, 그때 만들어진 도랑이 오늘날 성환천成歡川이 됐다고 하는 사람도 있다."[368]

"금을 캐고 남은 흙더미를 뒤지는 사람들이 있었다. 그 흙을 나무 함지로 일어내면 또 금이 나올 수 있으니까. 그런 요행을 바라는 사람들을 '거랑꾼'이라고 했다. 그런데, 덜 캔 흙더미를 파오다가 매를 맞는 거랑꾼도 많았다."[369]

미국인 테일러 측이 금광을 인수하고 직산 양대리 금광촌에는 여학교가 생겨났다. 전기도 들어오고 주점은 물론 유곽도 들어섰다.

그리고 1922년 미국이 철수하면서 순식간에 직산 양대리는 조락했다.

1930년대 세계 대공황과 함께 금값 상승으로 황금광시대가 다시 열렸다. 금에 매료된 수많은 사람들이 직산을 찾았다. 훗날 정치가가 된 전 연희전문

직산금광에서 큰돈을 번 덕대 김봉서 시혜 기념비. 충남
천안 부대동 앞길에 있다.

교수 조병옥은 고향 천안에 내려와 금맥을 찾았고[370], 소설가 채만식도 직산
에서 덕대(소규모 광산주)로 일했던 형들을 따라 직산을 뒤졌다. '의사는 메스
를 집어 던지고 변호사는 법복을 벗어 던지고 기생이 영문도 모르고서 백오
원을 들여 금광으로 달려가던' 시대였다.[371]

직산에서 덕대로 일하던 김봉서는 호인好人이었다. 사금으로 큰돈을 번 김
봉서는 그 돈 가운데 상당액을 직산에 내놓았다. 직산 주민들은 1938년 부대
동에 '김봉서공 시혜 기념비'를 세웠다. 김봉서는 서울에서 유학 중이던 조카

김종희를 도와 고등학교를 졸업시키고 화약회사에 취직을 시켜줬다. 해방 후 김종희가 그 회사를 불하받아 창업한 기업이 현재 한화그룹 모태다.[372]

직산금광 만세사건과 특파원 앨버트

1919년 3월 20일 직산금광에서도 만세운동이 벌어졌다. 금광 광부 안시봉이 미국인이 만든 광명여학교 교사, 학생, 광부 70여 명을 지휘해 양대리 장터에서 만세를 불렀다. 28일에는 광부 200여 명이 갱도에서 태극기를 흔들며 시위를 벌였다. 조선 팔도를 뒤흔든 기미년 만세운동이다.

그해 2월 28일 당시 경성역(현 서울역) 앞 세브란스병원에서 테일러 부부 아들 브루스가 태어났다.

문득 보니, 아기 요람 아래에 내일 조선 민중이 읽을 독립선언서 몇 장이 숨겨져 있는 게 아닌가. AP통신 기자 앨버트는 선언서를 숨겨 나왔고, 선언서는 역시 러일전쟁 종군기자였던 동생 윌리엄을 통해 일본으로 반출됐다. 윌리엄은 이를 전신으로 미국에 타전했다. 조선의 의지가 서방세계에 보도됐다. 4월 15일 경기도 수원 제암리 감리교회 학살사건 또한 기자 앨버트 테일러를 비롯한 서양인들에 의해 보도됐다.

1923년 테일러 부부는 신혼집 옆 늙은 은행나무가 있는 공터에 붉은 벽돌집 '딜쿠샤Dilkusha'를 짓고 살았다. '마음속 기쁨의 궁전'이라는 뜻이다. 지금도 그 집에는 집 이름을 새긴 초석이 붙어 있다. 이들이 잠시 미국에 머물던 1926년 여름, 벼락이 떨어져 딜쿠샤가 전소됐다. 3년 뒤 돌아와 보니 앨버트 동생 윌리엄이 집을 감쪽같이 새로 만들어놓았다. 부부는 1942년까지 딜쿠샤에 살다가 태평양전쟁 직전 미국으로 강제 추방됐다. 광산 기술자의 아들

테일러 부부가 1923년 서울에 짓고 살았던 붉은 벽돌집
'딜쿠샤(Dilkusha)' 초석

이자 광산업자요 사명감 가득한 저널리스트 가족과 조선은 그렇게 작별했다.

직산광업회사와 앨버트의 귀향

앨버트가 주주들과 공동으로 설립한 회사 이름은 직산광업회사Chiksan Mining Company였다. 조선에서 철수한 직산광업회사는 1923년 4월 시추회사로 업종을 바꿨다. 상호商號는 '직산'을 유지했다. 본부는 캘리포니아 풀러턴에 차렸다. 1928년 직산공구회사Chiksan Tool Company로 또 변경한 이 회사는 채굴과 시추에 필수 불가결한 '새지 않는' 파이프 이음쇠를 개발했다. '직산 스위블 조인트'라 명명된 이 이음쇠는 1940년대 이미 350여 모델이 나와 시장을 점령했다. 1942년 직산공구회사는 새 주인에 인수돼 '직산회사Chiksan Company'로 개명됐다. 직산회사는 지금 프랑스-미국 합작 '테크닙FMC'에 흡수됐지만 '직산CHIKSAN'이라는 브랜드는 변함이 없다.[373]

서울 양화진외국인선교사묘역에 있는 조지(앞)와 앨버트(가운데) 테일러 부자 묘지

1948년 6월 앨버트가 죽었다. 앨버트는 자기를 아버지 조지 옆에 묻어달라고 유언했다. 그해 9월 아내 메리가 남편 유해를 들고 한국에 왔다. 양화진에 남편을 묻고, 딜쿠샤에 들렀다가 그녀가 돌아갔다. 그리고 2006년 세브란스 병원에서 태어난 아들 브루스가 딜쿠샤를 찾았다. 독립선언서를 일본으로 가져갔던 동생 윌리엄은 1951년 죽었다. 캘리포니아 알라메다 카운티 마운틴뷰 공동묘지에 잠들어 있다. 아버지 앨버트가 어머니 메리에게 결혼 선물로 줬던 호박 목걸이는 지금 딜쿠샤에 있다. 땅의역사

04 | 식민시대, 고종은
딸 하나 아들 둘을 더 낳았다

식민 조선의 태상왕, 고종의 일상

조선 황족에서 일본 왕족으로

'갑신정변 주역인 김옥균과 박영효를 죽이기 위해 자객을 보냈던 고종은 이완용 등 을사오적을 죽이기 위해 자객을 보낸 적이 없었다. 을사조약과 합방으로 을사오적이 호의호식하는 것보다 더 황실은 편안한 일상을 보냈다. 식민지에 대한 책임을 져야 하는 사람은 분명하다. 고종이 뛰어난 지략가로 외세를 잘 이용하고 나라의 근대화를 위해 절치부심하고 굶주리는 백성을 위해 눈물로 베갯잇을 적셨다고 해도 그 책임은 면할 수 없다.'

2004년 김윤희, 이욱, 홍준화라는 세 역사학자가 쓴 『조선의 최후』(다른세상)에 나오는 글이다. 한 나라, 그것도 500년 지속해 온 왕국이 똑같은 기간 멸시해 온 오랑캐 일본에게 식민지가 됐는데 대한제국 초대황제 광무제 고종은 나라를 팔아먹었다는 을사오적을 죽이라 명하지 않았다. 그렇다고 일본은

40년 넘도록 그 나라를 이끌었던 이 황제를 죽이거나 신분을 떨어뜨려 모멸감을 주지도 않았다. 오히려 일본은 고종과 그 가족을 천황 황명으로 조선 왕王과 조선 공公에 책봉해 식민시대 내내 우대했다.

1910년 8월 29일 일본 천황 메이지가 내린 조령은 이러했다.

'전 한국 황제韓國皇帝(순종)를 책봉하여 왕王으로 삼고 창덕궁이왕昌德宮李王이라 칭하니 이 융숭한 하사를 세습해 종사宗祀를 받들게 한다. 태황제太皇帝(고종)를 태왕太王으로 삼아 덕수궁이태왕德壽宮李太王이라 칭한다. 그 배필을 왕비, 태왕비 또는 왕세자비로 삼아 모두 황족皇族의 예로써 대한다.'374

고종과 순종 직계 혈족인 이들이 '조선 왕족王族'이다. 그리고, '이강(고종 아들) 및 이희(고종 형)는 이왕李王의 친족으로 공公으로 삼고 그 배필을 공비公妃로 삼아 세습해 황족의 예로써 대한다.'

이 고종과 순종 형제들이 '조선 공족公族'이다. 메이지 조령은 이렇게 이어진다. '일본 황족으로서 대대손손 세습해 복록福祿을 더욱 편안히 하여 영구히 행복을 누리게 한다.'

문장 하나로 정리하면 이렇다.

'이왕 가문은 천황 황족과 같은 왕공족으로 세습 신분과 재산을 보장한다.'

식민시대 35년 위 학자들 표현대로 '을사오적보다 더 호의호식했던' 이들 왕공족의 삶을 들여다본다. 총 한 방 쏘지 않고 나라가 망한 이유가 거기 있을지도 모른다.

도주쿠노미야이태왕(德壽宮李太王)

'덕수궁이태왕' '창덕궁이왕' 발음에 대해 이를 '도쿠주노미야이태왕' '쇼토쿠노미야이왕'이 아니라 '도쿠쥬큐우이태왕' '쇼오토쿠큐우이왕'이라고 읽었다는 주장도 있다. 천황 조서에는 이들 이름에 대한 발음이 적혀 있지 않다. 1913년 발행된 『皇族画報(황족화보)』에는 영문으로 이들 이름이 각각 Prince Ritaio 'Tokujukyu', Prince Lio 'Shotokukyu'로 소개돼 있다. 이에 대해 추가 조사가 필요하다(일본 붓교대 이상엽 교수 조사).

1907년 7월 헤이그밀사 사건이 터졌다. "나는 밀사를 보낸 적 없다"고 고종은 극구 부인했다.[375] 조선 통감 이토 히로부미는 이 기회를 놓치지 않고 대한제국으로부터 징세권과 군사권, 재판권을 빼앗아버렸다.[376] 7월 16일 을사오적을 포함한 제국 내각 대신들이 고종에게 퇴위를 요구했다. 버티던 고종은 결국 7월 20일 양위식을 치렀다. 고종도 순종도 없이 내시가 의례를 대신하는 '권정례權停例'로 황제가 바뀌었다.[377]

고종은 상왕으로 물러났다. 대한제국 황궁은 고종이 살던 경운궁에서 융희제 순종이 새로 거처를 정한 창덕궁으로 바뀌었다. 경운궁은 궁호가 덕수궁德壽宮으로 변경됐다. 조선 개국 직후인 1400년 태조 이성계가 왕위에서 물러난 뒤 개경에 지은 궁궐 이름과 같다.[378]

이후 고종은 1919년 사망할 때까지 덕수궁이태왕, 도주쿠노미야이태왕(혹은 '도쿠쥬큐우이태왕')으로 불렸다. 창덕궁에 살던 순종은 창덕궁이왕, 쇼도쿠노미야이왕(혹은 '쇼오토쿠큐우이왕')이라 불렸다. 1910년 8월 29일 한일병합조약이 공포되고 나라가 사라진 뒤에도 그들은 그렇게 불렸다. 왜? 일본 천황 메이지가 그들을 조선 왕으로 책봉했으니까.

1901년 이전 촬영한 고종과 순종과 영친왕 이은(왼쪽 두루마기 차림 아이). 영친왕은 고종이 아관파천 이후 환궁하고 6개월 뒤인 1897년 8월 17일 태어났다. / 버튼 홈즈, 『1901년 서울을 걷다』(푸른길, 2012)

식민지 왕의 일상

덕수궁으로 이름이 바뀐 옛 황궁에서 이태왕은 심심하게 살았다. 덕수궁 일상을 일지로 기록한 『덕수궁 찬시실일기』에는 고종의 하루 일과가 세세하게 기록돼 있다.

1911년 2월 1일 『찬시실일기』에 따르면 고종은 새벽 3시에 함녕전 침실 잠자리에 든 뒤 오전 10시 40분에 잠에서 깼다. 11시 30분 각종 탕약과 차를 마신 뒤 당직자 보고를 받고 오후 1시 20분 점심을 먹었다. 이어 간식 차를 마신 뒤 야간 당직자 명단을 보고받고 조선귀족과 고위직을 접견했다. 저녁은 오후 6시 20분에 먹었고 오후 7시에는 역대 조선 국왕 초상화를 모신 선원전과 위패들을 모신 경효전, 의효전 보고를 받았다. 경효전은 첫 왕비 민씨 위패를 모신 곳이고 의효전은 첫 며느리 민씨 위패를 모신 곳이다. 오후 9시 55분에 야식을 먹고 이날은 새벽 2시 35분에 잠자리에 들었다. 이런 일상이 계속적으로 반복됐다.[379]

그런데 고종이 덕수궁에 같이 살았던 식구는 태왕비로 호칭이 바뀐 영친왕 친모, 황귀비皇貴妃 엄씨와 후궁들이었다.

아관파천 중 만들어진 영친왕

1897년 10월 20일 상궁 엄씨가 아들을 낳았다. 제국을 선포하고 일주일이 지난 날이었다. 이 아들이 영친왕 이은이다. 아들이 태어나고 이틀 뒤 고종은 엄 상궁을 후궁인 귀인貴人으로 승격시켰다.

3년 뒤인 1900년 8월 3일 고종은 귀인 엄씨를 정1품 후궁인 빈嬪으로 승격시키고 그녀를 순빈淳嬪으로 봉작했다. 그날 고종은 또 다른 후궁 귀빈 이씨를 정2품 후궁 소의昭儀로 봉했다. 소의 이씨 또한 일찍 딸을 낳았었는데 요절했다.[380]

『순종실록부록』에는 '소의 이씨가 낳은 딸이 요절하자 엄비가 대신 입궁했다'라고 기록돼 있다.[381] 그런데 또 다른 기록이 있다. 황현이 쓴 『매천야록』이다.

'고종이 전 상궁 엄씨를 불러 계비繼妃로 입궁시켰다. 민 왕후가 생존해 있을 때는 고종이 두려워하여 감히 그와 만나지 못하였다. 10년 전 고종은 우연히 엄씨와 정을 맺었는데, 민후가 크게 노하여 죽이려 했지만 고종의 간곡한 만류로 목숨을 부지하여 밖으로 쫓겨났다가 이때 그를 부른 것이다. 시해 사건이 발생한 지 겨우 5일째 되던 날이었다.'[382]

경운궁(덕수궁)에서 촬영된 고종과 둘째 아들 영친왕 이은. 1907년 황제위에서 강제로 퇴위된 뒤 영친왕이 일본으로 유학 가기 전으로 추정된다. [국립고궁박물관]

그러니까 1895년 10월 왕비 민씨가 일본 낭인들에게 살해되고 닷새 뒤에 옛 연인을 불러들였다는 뜻이다. 황현 기록에는 '도성 사람들이 모두 한탄하였다'라고 적혀 있다.

넉 달 뒤 고종이 경복궁을 떠나 러시아공사관으로 달아난 '아관파천'도 엄상궁이 주도한 일이었고, 1897년 2월 경운궁으로 환궁하고 8개월 뒤 영친왕이 태어났으니 이은은 그 러시아공사관에서 잉태된 아들이었다. 을사조약 직전인 1905년 10월 5일 황제 고종은 황귀비 엄씨에게 서봉대수훈장瑞鳳大綬勳章을 수여했다. 서봉장은 1904년 3월 신설한 여자 전용 훈장이며 황귀비는 그 첫 수훈자였다.

덕혜옹주 생모 복녕당 양씨. 엄비 사망 직후 고종 승은으로 덕혜를 회임했다(왼쪽). [국립고궁박물관] 아기 덕혜옹주 기념사진. 덕혜는 엄비가 죽고 10개월 뒤 후궁 복녕당 양씨와 고종 사이에 태어났다(오른쪽). [국립고궁박물관]

1911년 7월 엄비의 죽음과 1912년 5월 덕혜의 탄생

1911년 7월 20일, 식민화 이후 '황귀비'에서 '태왕비'로 명칭이 바뀐 엄씨가 죽었다. 장례는 8월 20일 치러졌다. 위패는 엄씨가 살던 덕수궁 영복당에 모셔졌다. 영복당 권역은 궁녀들이 살던 공간이었다.

1912년 고종에게 딸이 태어났다. 이 딸이 고종이 아꼈던 외동딸 덕혜옹주다. 어머니는 궁녀 양춘기였다. 덕혜옹주가 태어난 날은 양력 5월 25일이었다. 열 달 회임 기간을 역산하면, 엄비 장례 기간에 덕혜가 잉태된 것이다. 소주방(주방) 궁녀였던 양씨는 복녕당福寧堂이라는 당호를 받고 후궁이 되었다. 1852년생인 고종은 그해 환갑을 넘겼고 양씨는 서른 살이었다. 창덕궁에 살

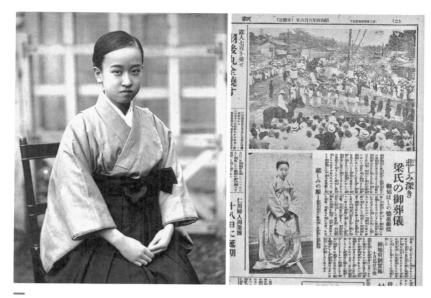

대마도 번주 가문 장손에게 시집간 덕혜옹주(왼쪽). 소아성 치매를 앓다가 해방 후 귀국해 창덕궁 낙선재에 살았다. 아버지는 고종이고 어머니는 복녕당 양씨. [문화재청] 1929년 6월 벌어진 복녕당 양씨 장례식 장면. 사진은 1929년 6월 6일 자 『조선신문』에 실린 장례장면과 상복을 입은 덕혜옹주(오른쪽). [국립중앙도서관]

던 고종 맏아들 순종은 38세였다.

고종은 딸이 태어난 날 궁녀 방을 찾아가 딸과 딸의 엄마를 부둥켜안았다. 이후 고종은 하루에 두세 번씩 복녕당을 찾아가 시간을 보내고 함녕전으로 돌아오곤 했다. 딸이 태어나고 한 달 보름이 지난 7월 13일 고종은 아기를 함녕전으로 데려와버렸다. 친엄마 복녕당 양씨는 함께 오지 못했다. 대신 변복 동이라는 유모가 아기를 길렀다.

아기는 오래도록 이름 없이 '복녕당 아기씨福寧堂阿只'라 불리다가 1921년 5월 4일 아홉 살 생일을 21일 앞두고 배다른 오라버니 순종에 의해 '덕혜德惠'라는 이름을 받았다.[383]

우리가 '덕혜옹주'라 부르는 그녀는 불우하게 살았다. 후궁이 낳은 딸이라 '공주'가 아니라 '옹주'였다. 일본으로 반강제 유학을 떠난 덕혜는 1929년 5월 친엄마 복녕당이 유방암 후유증으로 죽었을 때 귀국했다. 일주일 남짓한 장례를 마치고 서둘러 일본으로 돌아간 덕혜는 대마도 번주 장손과 결혼했지만 이내 소아성 치매를 앓다가 이혼한 뒤 해방 후 귀국했다. 그녀가 독립운동 혹은 민족 문화 운동에 간여했다는 이야기는 낭설이며 창작이다.

덕혜의 두 남동생들

덕혜가 고종에게 막내딸은 맞지만 막내 자식은 아니었다. 덕혜가 태어나고 2년이 지난 1914년 7월 3일 밤 고종에게 아들이 태어났다. 아들을 낳은 여자는 궁녀 이완덕이었다. 나이 열셋에 세수간 궁녀로 입궐했던 이씨는 스물여덟 살에 승은을 입고 이듬해 아들을 낳고 광화당이라는 당호를 받았다. 고종은 예순두 살이었다. 아들 이름은 육堉이었다. 고종은 이번에는 아들 육과 친모 광화당을 함께 함녕전으로 불러들여 같이 살았다.

한 해가 지나 1915년 8월 20일 예순셋 먹은 고종에게 또 아들이 태어났다. 이름은 우堣라 지었다. 친모는 서른세 살 먹은 궁녀 정씨였다. 정씨는 보현당이라는 당호를 받고 후궁이 되었다. 아들 우는 친어머니 곁을 떠나 함녕전에서 아버지와 배다른 형제들과 함께 살았다. 짧지만 함녕전에는 네 살배기 덕혜와 두 살짜리 이육, 석 달배기 이우 세 남매가 아버지 고종과 함께 살았다. 광화당이 낳은 아들 육은 1916년 1월 22일에, 보현당이 낳은 아들 우는 반년 뒤인 7월 25일 요절했다.

고종은 또 김옥기라는 또 다른 궁녀를 후궁으로 들였는데 자식을 낳지 못

덕혜옹주(1912년생)의 남동생들인 고종 8남 이육(왼쪽)과 9남 이우(오른쪽) 태항아리. 고종은 덕혜옹주 생모인 복녕당 이후 광화당과 보현당과 삼축당 세 후궁을 두고 아들 둘을 낳았다. 이육(1913년생)과 이우(1914년생) 모두 출생 후 아기 시절에 요절했다. [국립고궁박물관]

해 후궁 지위에는 오르지 못했다. 훗날 순종이 그녀에게 삼축당이라는 당호를 내렸다.

이들 후궁은 모두 고종 생전부터 급료를 받았다. 1926년 3월 복녕당이 받은 월급은 580원이었고 보현당은 280원, 광화당은 480원, 후궁이 되지 못한 김씨 삼축당은 115원을 받았다.[384]

1919년 고종이 죽었다. 고종과 함께 살았던 후궁들은 사간동에 지어준 집에 함께 살았다. 덕혜옹주 친어머니 복녕당을 포함해 그 누구도 왕족이나 공족에 책봉되지 못했다. 일본 황실은 후궁 신분을 인정하지 않았다. 이들은 해방 후 죽어 홍릉과 서삼릉 후궁 묘역에 묻혔다. 요절한 우와 육은 서삼릉 고종왕자묘에 묻혀 있다. 그 태항아리는 국립고궁박물관에 보관돼 있다. 망국 황제 고종은 그렇게 그들과 함께 살았다. 땅의역사

05 | 조선 왕 순종,
바다 건너 천황을 알현하다

1917년 순종의 일본 방문

"이왕 전하 도쿄로 납신다"

1917년 6월 3일 총독부 기관지 격인 『매일신보』 2면 한가운데에 군복을 입은 창덕궁이왕昌德宮李王(순종) 사진과 함께 이런 기사가 실렸다.

'李王殿下御東上·이왕전하어동상 - 8일 경성 출발 약 2주간 체류'.

'이왕전하'는 순종을 뜻하고 '어御'는 왕 관련 용어에 붙이는 접두어다. '동상東上'은 '동쪽으로 간다'는 뜻이다. 식민 본국인 일본 수도가 도쿄東京이니 '東上'은 도쿄로 납신다는 뜻이다. 지금 서울로 갈 때 상경上京한다는 말과 동일한 맥락이다. 식민시대 기준은 도쿄였다. 경부선 철도는 부산행이 상행선이었고 경성행이 하행선이었다.

그러니까 7년 전인 1910년 9월 1일, 한일병합조약이 공포되고 사흘 뒤 창덕궁 인정전에서 당시 천황 메이지明治에 의해 조선 이왕으로 책봉된 순종이 후임 천황 다이쇼大正를 알현하기 위해 조선을 떠나 일본 도쿄로 간다는 뉴스

1909년 2월 4일 순종 일행이 신의주까지 다녀온 서순행(西巡幸)을 기념해 촬영한 단체 사진이다. 창덕궁 인정전 앞이다. 가운데 대한제국 황제 융희제 순종이다. '조선 창덕궁 이왕'에 책봉된 전(前) 제국황제 순종은 8년 뒤인 1917년 6월, 대한해협을 건너 일본 도쿄로 가서 일본 천황이 책봉한 왕족 자격으로 천황 다이쇼를 알현했다. 중국에 사대했던 조선 500년사에도 없었던 초유의 일이었다. [국립고궁박물관]

1917년 6월 3일 자 『매일신보』 이왕 전하(순종)이 도쿄로 가서(東上·동상) 천황을 알현한다는 기사다. [국립중앙도서관]

였다. 명과 청 왕조를 통틀어 중국에 사대했던 조선왕조 500년 동안에도 없었던 입조入朝(사대 본국에 가서 인사를 하는 행위)였다.

침묵 속에 진행된 책봉식

한일병합을 주도했던 총독 데라우치 마사타케는 순종을 '대공大公'으로 격하시키려 했다. 이완용이 반대했다. 대한제국 쪽 협상 주도자인 내각총리대신 이완용은 "중국에 조공할 때도 왕王 지위를 유지했다"고 주장해 이를 관철시켰다.385 일본 내각 또한 이를 수용했다. 그리하여 전주 이씨 황실은 왕족 지위를 유지하게 되었다. 전 황제 고종은 덕수궁이태왕, 순종은 창덕궁이왕에 책봉됐다.

1910년 9월 1일 천황 메이지가 보낸 이왕 책봉 칙사가 창덕궁 인정전에 도착했다. '왕 전하도 칙사도 침묵 속에 있었고 양측 수행원은 석상처럼 숨죽여, 엄숙했다는 말밖에 형언할 수 있는 말을 찾을 수 없는 분위기 속에서' 진행됐다. 그리고 이왕은 '대한제국 황제 의장을 갖춰 입고 영국식 의전복을 입은 기병 호위 속에 황제 깃발을 펄럭이는 마차를 타고' 총독 관저를 찾아갔다. 황제 신분으로 생애 마지막 착용한 제국 황제 의장이었다.386

이토 히로부미의 계산

1907년 7월 20일 헤이그밀사 사건을 빌미로 광무제 고종을 퇴위시킨 조선통감 이토 히로부미는 바로 그해 12월 고종과 엄귀비 사이 아들 영친왕 이은을 도쿄로 보냈다. 영친왕은 순종에 이어 조선 왕위를 물려받을 왕세자였다. 열 살 먹은 왕세자는 1963년 박정희 정부에 의해 귀국이 허용될 때까지 일본인으로 살았다.

그리고 히로부미는 갓 황제가 된 순종을 통감 자격으로 배종해 1909년 1월과 2월 두 차례에 걸쳐 북쪽과 남쪽으로 순행巡幸시켰다. 서울에서 부산까지 기차로 여행한 1월 여행을 남순행, 신의주까지 북상하고 돌아온 2월 여행을 서순행이라고 한다.

왕세자 영친왕 유학은 명목상 권력자인 전주 이씨 왕실을 식민체제에 정신세계부터 길들이려는 조치였다. 이왕 순행은 조선왕조 내내 대중이 한 번도 보지 못한 군주를 대면시켜 식민 조선인에게 자발적인 복종을 유도하려는 계획이었다. 천황 메이지를 일본 전국에 여행시켜 '근대화 방법을 놓고 분열돼 있던 여론을 결집시키고 중앙정부 중심의 정치체제를 확립할 수 있었던' 메이지유신 경험을 그대로 써먹은 작업이었다.[387]

남순행과 서순행

1909년 1월 4일 융희제 순종이 이렇게 선언했다.

"임금 자리에 오른 뒤 도탄에 빠진 백성 생활을 구원할 일념뿐이었다. 하여 직접 지방 형편을 시찰하고 그 고통을 알아보려고 한다. 통감인 공작 이토 히로부미에게 특별히 배종할 것을 명한다."[388]

그리고 사흘 뒤 순종은 궁내부 관료 41명, 대한제국 내각 42명, 통감부 요원 13명을 데리고 경성 남대문역에서 열차에 올라 대구~부산~마산~경성으로 6박 7일 대장정에 올랐다. 철길 매 5~10리마다 일본 헌병이 경호하고 연도에는 한일 두 나라 국기를 든 학생들이 도열했다.[389]

대한제국 황제가 민정 순찰에 나섰는데 일본 헌병이 경호를 맡았고 환영인

파는 일장기를 들었다. 목적지 가운데 한 곳인 대구에서는 "이등박문이 황제를 일본으로 납치하려고 한다"며 철길에 드러눕는 일도 벌어졌다.[390] 소란이 계속되는 가운데 1월 7일 오후 3시 25분 순종이 대구에 도착했다. 예포 21발이 열차를 환영했다.

부산과 마산도 마찬가지였다. 부산에서는 기차역 앞과 교차로마다 환영문^門을 세웠고 일본 육해군이 도열해 환영했다. 1월 8일 오전 9시 40분 부산에 도착한 순종 일행은 일본 천황 메이지가 보낸 축하 전보를 받았다. 내용은 '일본 함대를 부산과 마산으로 보내 경의를 표한다'였다. 다음 날 부산항에서 일본 해군 장갑 순양함 아즈마^{吾妻}함이 예포 21발을 쏘았다.

부산을 떠난 순종은 마산을 거쳐 12일 귀경길에 다시 대구에 들렀다. 대구에서는 전 시민이 환영과 환송에 동원됐다. 순종은 달성공원을 방문했다. 공원은 도로를 개수하고 만국기를 달고 가짜 꽃으로 겨울나무를 장식해 놓은 상태였다. 노인들 가운데 일본인은 본인 자리 옆에 따로 자리를 만들었고 조선인 노인 240명에게는 선물을 하사했다. 통감 이토는 별도로 조선인 유력인사들에게 통감 정치를 정당화하는 연설회를 가졌다.[391]

1월 13일 창덕궁으로 돌아온 순종은 14일 뒤인 27일 다시 신의주를 향해 7박8일 여정으로 서순행을 떠났다. 여정은 평양~의주~신의주~평양~개성~서울이었다. 이 또한 통감부가 사전에 계획해 놓은 순행이었고, 순행 규모는 남순행보다 늘어난 279명이었다.

일본으로서는 대한제국 황실의 위엄을 빌어 민심을 얻을 수 있는 절호의 기회였다. 통감부는 관보를 통해 구체적인 일정을 공개했다. 사진가 2명을 따로 고용해 전 일정을 모두 사진으로 남겼다. 남순행과 서순행 전 일정에 걸쳐 통감부와 일본에 거칠게 저항하는 민심은 보이지 않았다. 아직 구시대 권위를 상징하던 황제를 앞세운 선전극은 성공적이었다.[392]

조선 초유의 천황 알현

1910년 한일병합조약 이후 7년이 지났다. 1917년 5월 9일 순종은 전주 이씨 왕실 본궁인 함경도 함흥으로 참배를 떠났다. 함흥은 이성계가 조선을 창건할 때 뿌리가 된 본향이었다. 하지만 함흥 본궁 참배는 역대 조선 국왕 그 누구도 거둥하지 않은 일이었다. 이미 황실은 사라지고 없고 황실을 대신하는 조직 '이왕직'과 총독부가 조율해서 나온 행사였다.

참배용 제물祭物은 선박을 이용해 원산에서 함흥으로 운반했다. 참배를 하고 제사를 올릴 때 순종은 대한제국시대 황제 복식을 착용했다. 황제에서 이왕으로 격하됐지만 제사 형식은 대한제국시대 그대로였다. 총독부는 옛 권위에 대한 복종심을 적극 활용해 식민 권력에 대한 자발적인 복종을 유도한 것이다.

5월 15일 열차 편으로 서울로 복귀한 순종은 6월 8일 다시 열차를 타고 부산을 거쳐 일본 도쿄로 향했다. 1912년 메이지 천황이 죽었을 때 총독 데라우치 마사타케가 도쿄 참배를 주장한 적이 있었는데, 마침내 그 동상東上 계획이 구체화된 것이다. 6월 8일 서울을 출발해 그달 28일 귀경한 20박21일의 장기 여행이었다.

모든 일정은 총독부가 일본 궁내성과 함께 기획했고, 순종은 일본 황족皇族에 준하는 대우를 받았다. 순종은 일본 육군 대장 정장을 입었고, 가는 곳마다 황족에 준하는 예포 21발로 환영을 받았다. 이왕직은 순종을 위해 일본 현지

일본 효고현 마이코(舞子) 아카시 방적에서 일하는 조선인 여공들이 순종을 환영하는 장면(1917년 6월 14일 자 『매일신보』) [국립중앙도서관]

'어제 이왕이 천황을 알현했다'는 기사(1917년 6월 15일 자 『매일신보』) [국립중앙도서관]

숙소에 조선식 아궁이와 솥을 마련해 놓았다.[393]

9일 순종 일행은 부산에서 황족 깃발을 게양한 일본 군함 히젠肥前함을 타고 일본으로 향했다. 히젠함은 러일전쟁 때 일본이 러시아로부터 획득한 전리품이었다. 효고현 마이코舞子에서는 방직회사에서 일하고 있던 조선 여공 120명이 나와 환영했다. 나고야에서는 동생 영친왕을 만났다. 6월 13일 도쿄에 도착한 순종은 다음 날 오전 천황 다이쇼大正를 만났다. 배석했던 곤도 시로스케에 따르면 '덕담이 오가고 이왕 전하는 다시 절을 하고 물러났다.'[394]

천황 전용 제사전인 현소賢所 참배, 영친왕 이은이 복무 중인 근위보병 2연대 방문, 메이지천황릉 참배 등등 다양한 일정을 소화하고 순종은 6월 28일 부산을 거쳐 서울로 돌아왔다. 옛 황제의 권위와 식민 권력의 권위를 중첩시켜 식민 조선 백성들에게 자발적인 복종을 이끌어내려는 거대하고 정교한 이벤트였다. 식민 본국과 총독부가 연출하고 왕공족 순종이 출연한 거대한 연극이었다.

2017년 4월 대구 중구청은 순종이 걸었던 달성공원 앞 도로를 '순종황제 남순행로'로 조성하고 순종 동상을 세웠다. 국비 35억 원 포함해 74억 원이 투입됐다. 동상 앞에는 '시대상황에 굴하지 않는 민족정신'이라고 적혀 있다. 대구 중구청은 '치욕의 역사도 보존한다'는 '다크 투어리즘'의 일환이라고 홍보했다. 한참 잘못된 생각이다. 지금 그 황제 동상 앞에는 쓰레기가 쌓여 있다. 땅의 역사

2017년 대구광역시 중구 달성공원 앞에 국비를 포함해 74억 원을 투입해 중구청이 만든 '순종황제 남순행로'와 순종 동상. 이토 히로부미가 주선한 1909년 1월 대구 방문을 기념하는 동상이다. 동상 앞에는 '시대상황에 굴하지 않는 민족정신'이라고 새겨져 있다.

06 | 군산 바닷바람에 실려 오는
식민시대의 기억

근대사가 응축된 군산 1: 그들이 기억하는 군산

군산항. 1899년 대한제국이 이 항구를 개항한 이래 수많은 사람들이 군산을 스쳐갔다. 서글픈 식민의 풍경 속에서 새로운 그림을 그리던 조선 사람들, 그리고 꿈을 이루기 위해 조선을 찾은 일본 서민과 자본가까지. 군산이라는 도시는 그들이 남긴 흔적을 애써 지우지 않고 21세기 대한국인들이 볼 수 있도록 보존해 놓았다. [사진가 서경석]

항구도시 군산으로 많이들 가봤으면 좋겠다. 되도록이면 근대사 공부를 하고 가면 좋겠다. 그러면 미곡米穀을 수탈당한 군산항은 평화로운 산책로로 변해 있을 것이다. 일본으로 향한 욕망 가득한 쌀가마가 쌓였던 장미동藏米洞은 아름다운 문화공간으로 바뀌어 있을 것이다. 그 욕망이 응축돼 있던 조선은행은 근대 건축을 한눈에 볼 수 있는 박물관으로 변해 있을 것이고, 조선 농민을 부려 대형 농장을 경영했던 농장주 구마모토 리헤이 별장은 대한민국 농촌 보건의 아버지, 의학박사 이영춘 기념관으로 바뀌어 있을 것이다. 군산에는 그 모든 역사가 일상화돼 있고, 그 일상 속에서 여행객들은 저도 모르게 역사를 호흡하는 것이다. 한 단어로 종잡기 불가능한, 이 땅 근대사가 응축된 군산 기행.

군산의 개항과 미곡상 히로쓰

1898년 5월 26일 대한제국 정부는 군산을 외국에 개방하기로 결정했다. 경남 마산과 함북 성진도 함께였다.[395] 이듬해 5월 1일 군산이 정식으로 개방됐다. 군산 개항은 쌀이 필요한 일본 측 요구와 맞아떨어졌다. 호남에 펼쳐진 곡창을 일본과 연결할 수 있는 최단 거리 물류지가 군산이었다. 군산은 순식간에 상전벽해의 땅이 되었다.

1892년 염전업을 하던 아버지를 따라 조선 부산에 와서 살던 히로쓰 기치사브로廣津吉三朗는 1895년 청일전쟁 통역관으로 취직해 2년 동안 일했다. 열일곱 살이었다. 9년 뒤인 1904년에는 러일전쟁 첩보원으로 또 징병돼 남포와 평양과 압록강과 만주 봉천에서 스파이로 활동했다. 전쟁이 끝나고 받은 생

군산 월명산에 있는 동국사. 대웅전은 식민시대 일본 절 금강사 본전 건물이다.

명보험금 450엔으로 김씨 성을 가진 조선인 지주와 합작해 군산에 미곡상을 차렸다. 땅을 사서 지주도 되었다.[396]

군산 하면 쌀이고 그때 쌀 하면 곧 돈인지라 히로쓰는 이내 부자가 되었다. 그래서 일본으로 귀국하던 일본인에게 땅을 사서 집을 지었다. 큰 집을 지었다. 1935년이다. 그 집이 지금 군산 신흥동에 있는 '히로쓰 가옥'이다. 누가 봐도 큰 집이었고 누가 봐도 조선이 아니라 일본 그 자체다.

1945년 일본 패망과 함께 히로쓰는 그 큰 부를 그대로 놔두고 가방 하나 들고 귀향 티켓을 샀다. 하지만 부산항에서 그 가방마저 도둑맞았다. 적수공 권으로 귀향한 히로쓰는 4년 뒤 화병으로 죽었다. 그 집은 지금 군산에 남아 있다.

임피 사람 이진원의 기억

"우리 아버님이 한의사라 비교적 잘살았거든요. 그런데 우리는 일본 사람 옆에 가도 못 했어요, 무서워서. 우리 집 옆에 직사각형으로 터를 잡고 수천 평, 조선 사람들은 주변에 토막집 그냥 천막처럼 지어놓고 사는 거예요. 80년 전이네. 제가 여섯 일곱 살 됐을 때 그 일본 사람 집에 넓은 밭이 있었는데 팥을 심는 거예요. 그걸 작은 부삽으로 심는데 그게 신기했어요. 내가 꼬마니까, 왜 그랬는가 몰라요. 울타리 넘어가서 그 부삽을 가지고 와서 우리 집 마당 도랑에서 놀고 있었어요. 그런데 느닷없이 막 거인이 부엌을 통해서 들어오더니 소리를 지르며 나를 때려요. 그래서 내가 거기서 기절을 했습니다. 깨어나서 보니까 우리 누님하고 어머니가 나를 안방에 뉘어 놓고 울고 있는 거예요. 그게 기억이 나요. 아주 그냥, 일본 사람은 하늘이 내린 사람이고 우리는 그냥

그럭저럭 사는 사람들이다, 이런 인식을 가졌어요. 그런데 해방이 되고 학교 선생님이 그래요. '이제부터 마음대로 조선말 써도 된다.' 아, 이게 해방이구나 하고 느꼈더랬습니다."

임피 토박이로 늙은 이진원(2023년 현재 87세)가 그렇게 기억했다.

미곡을 실어나르던 그 임피역은 2008년 영업을 멈췄다. 역 앞 공원에는 거꾸로 가는 시계탑이 서 있다. 탑신에는 이렇게 새겨져 있다. '시실리時失里', 시간을 잃은 곳.

시마타니의 금고, '악덕 지주' 구마모토

개정면 발산리에는 발산리 유적군이 있다. 안내판만 보면 옛 절터처럼 보이지만 또 다른 농장주 시마타니 야소야가 자기 농장에 그러모은 옛 석물들이다. 몇 개는 훗날 대한민국 보물로 지정됐다. 1903년 조선에 건너온 이 야마구치현 출신 중년 사내는 농장 안에 금고를 '지었다'. 2층 건물 하나를 콘크리트로 지어서 금고로 썼다. 해방이 되고 농장은 초등학교로 변했다. 금고, 발산리 유적은 학교에 남아 있다. 미군정청에 귀화를 신청했으나 불허됐고, 시마타니 또한 히로쓰처럼 가방 두 개 들고 귀국선을 탔다.

시마타니보다 한 해 전 군산에 온 구마모토 리헤이는 게이오대 이재과(경제학과) 출신이다. 호남 옥토沃土를 본 구마모토는 물주를 모아 거대한 농장을 만들었다. 동양척식주식회사에 이어 호남 지주로는 가장 땅이 넓었고, 관리인들은 '총독부 정책보다 10년 정도 앞섰다고 농장 스스로 자부할 정도로' 농업 전문가들이었다.[397] 갑부가 된 구마모토는 군산에 당대 최고 재료만 써서 별장을 지었다.

군산 지역 대지주 시마타니 야소야가 자기 농장에 수집해 놓은 석물들. 시마타니는 농장에 금고 건물을 지어놓고 부를 쌓았다.

호남 제일의 지주 구마모토 리헤이. 게이오대 경제학과 출신 엘리트로, 농장 경영 방식은 냉정했다.

구마모토 농장에서 조선인을 상대로 무료 의료 사업을
한 이영춘. 근대 농촌 보건의 아버지다.

농장은 생산성도 높았지만 조선 농부들에게 물리는 소작료도 고율이었다.
소작료를 둘러싸고 총독부가 나설 정도로 갈등이 깊었다. 소작민들이 "소작
료 주고 나면 먹을 게 없어서 못 살겠다 싶어 만주로 가는" 슬픈 일이 다반사
였다.398

의료사업가 구마모토의 별장, 이영춘 기념관

그런 반면 1934년 농장 안에 병원을 설치하고 소작인과 그 가족에게 무료
진료 사업을 벌이기도 했다. 그 사업을 위해 고용된 의사가 세브란스의전 출
신 의사 이영춘(1903~1980)이었다. 평남 용강 사람 이영춘은 이후 군산 사람
이 되었다. 이영춘은 구마모토가 한 말을 이렇게 기록했다. "이게 농장의 정략

사업이라 혹평할지 모르나 이 선생만은 진의를 이해해 주시라." 그 의료 혜택을 받기 위해 일부러 소작을 신청하는 조선인도 많았다.[399]

해방이 되었고, 구마모토 또한 농장을 두고 자기 나라로 돌아갔다. 이영춘은 그가 남긴 별장에 살았다. 그 옆에 병원을 짓고, 간호학교를 짓고, 진료를 하고 강연을 하며 농촌 보건 사업을 벌이다 1980년 하나도 남김없이 다 남에게 주고 죽었다. 삼촌을 보며 자라나 치과 의사가 된 조카 이주민(2023년 현재 79세)이 말한다. "삼촌 행적이 찬란해 똑같이 살려고 노력했는데, 어쩌면 돈 못 버는 것까지 똑같이 살았네." 구마모토가 남긴 별장은 지금 남김없이 주고 간 이영춘 기념관이 되었다.

그렇게 같은 바닷바람 속에서 같은 시대에 서로 다른 방향을 걷는 사람들이 있었다. 이제 이야기해 본다, 그 도시에 남은 흔적에 대하여. 땅의역사

07 | 식민시대, 그 이중적인 삶과 기억과 남은 흔적들

근대사가 응축된 군산 2: 구마모토 농장과 의료 선구자 이영춘

세월과 공간을 넘어, 이성당

남원 사람 이석호는 일본 홋카이도로 이주해 살다가 해방 후 귀국했다. 군산 중앙통에 정착해 빵집을 냈다. 이름은 이성당李盛堂으로 지었다. '이씨가 번창하는 집'이라는 뜻이다. 1948년 6월 미군정에게서 불하받은 옆집 적산가옥으로 가게를 옮겼는데, 지금은 이석호의 집안 손주 며느리 김현주가 주인이다.

지금 이성당 주소는 군산시 중앙로177인데, 해방 전 주소는 군산부 메이지마치明治町 2초메丁目 85번지2였다. 거기에는 1906년 일본 시마네현 이즈모出雲에서 군산으로 이주한 히로세 야스타로가 운영하는 빵집이 있었다. 빵집 이름은 '이즈모야出雲屋'다.

1981년 군산을 방문한 히로세의 손녀 츠루코는 자기네 빵집 자리에 있는 빵집 문을 열며 "지극히 짧은 순간이었지만 타임머신을 탄 느낌이 들었다"고

했다.[400] 이 글은 빵집 이즈모야와 이성당, 그리고 세월과 공간을 초월해 군산에서 벌어졌던 삶과 기억에 대한 이야기다.

농민을 옥죈 소작제

1910년 8월 29일부터 1945년 8월 15일까지 만 35년. 왜 일본이 그 식민 시대를 만들었나라는 질문은 부질없다. 자기네에게 득이 되니까 조선을 식민지로 만든 것이다. 조선에게 득을 주려고 식민지를 만들었다는 말은 얼토당토않다.

'조선인은 매년 지주는 자작으로 화하고, 자작농은 자작 겸 소작으로 화하고 자작농 겸 소작농은 순소작으로 화하는 반면에, 일본인은 매년 소작은 자작으로 화하고 자작은 지주로 화하여 매년 농가 호수가 증가하는 까닭에 조선인의 생활 상태는 나날이 퇴보하여 살 수 없어 남부여대男負女戴로 정든 고향을 등지고 북만주로 향하게 되었다.'[401]

500년 동안 조선 농민을 옭아맸던 소작제는 식민 지주제로 진화했다. 식민 조선 농민은 일본인과 조선인 대지주 땅을 빌어먹으며 살아야 했다. 조선 쌀은 분배 단계에서는 그 지주에게, 가공 단계에서는 대규모 정미업자에게, 최종 유통 단계에서는 이출항의 대형 이출상인에게 집중된 분배와 유통 메커니즘에 따라 움직였다.[402]

떼부자가 된 지주들

생산성은 증가했고 쌀 생산량 또한 증가했지만, 이런 독점적 유통 구조로 일본으로 빠져나가는 비율이 더 많았다. 1910년 조선 쌀 생산량은 1,040만석이었는데 수출(일본 이출 포함)은 83만 석으로 7.98%였다. 그런데 1928년 생산량 1,351만석 가운데 49.65%인 671만 석이 일본으로 나갔다. 1931년에는 생산된 쌀 가운데 54.29%가 대일 이출 물량이었다.[403]

그동안 잡곡을 포함한 조선 내 일본인-조선인 곡식 소비량은 2.03석 (1915~1919)에서 1.64석(1930~1936)로 감소했다.[404] 그런데 쌀 소비량은 조선 내 일본인은 1920~1928년 1.20석으로 변동이 없지만 같은 기간 조선인 쌀 소비량은 0.62석에서 0.52석으로 감소했다.[405] 재한 일본인은 쌀을 양껏 소비했고, 조선인은 부족한 쌀을 잡곡으로 충당했다는 뜻이다.

통계상으로 보면 1920년대 중반~1930년대 중반 조선은 대일 쌀 생산기지 역할을 했다. 이 시기는 조선 농민들이 대지주로부터 수탈당한 시기가 분명

호남평야에서 생산한 쌀을 군산항으로 실어날랐던 임피역

하다. 대일 쌀 이출(국가가 없었기 때문에 '수출'이 아니라 '이출'이라고 한다)로 돈을 번 집단은 지주들이었고 소작 농민들은 고액 소작료와 고리대로 힘든 삶을 살았다.

조선시대 평균 50%였던 소작료를 식민시대에는 70%가 넘게 받는 지주들도 있었다. 여기에 비료와 볏짚, 종자 대금을 별도로 책정했다. 1930년대 말 전국 500정보(150만 평) 이상 대지주 가운데 조선인은 43명이었고 일본인은 65명이었다.[406] 아무리 생산량이 증가했어도 지주에 대한 적대감은 사라지지 않았고, 일본인이 됐든 조선인이 됐든 지주에 대한 적의와 피수탈의 경험은 민족 차원의 수탈로 각인됐다.

대지주 구마모토 리헤이와 군산

그 대지주 가운데 조선반도 1위가 군산과 정읍 일대에 대농장을 소유한 구마모토 리헤이였다. '수탈'로 상징되는 모든 일이 구마모토 농장에서 벌어졌다. 70%가 넘는 소작료, 비료와 볏짚 비용 소작인 전가, 계약 위반 시 소작 계약 일방 해지 등등.

구마모토 농장에서 일했던 농민들은 '거대한 쌀 창고가 가마니를 공룡이 먹이를 빨아들이듯 했다'고 기억한다.[407]

그런데 그때 지역 신문인 『군산일보』에는 이렇게 적혀 있다.

'구마모토를 비롯한 (전북) 지방 지주들은 토지와 농사 개량, 소작인 지도에 열심이지만 소작료 징수에는 다소 비난을 받고 있다. 다작多作하여 다취多取하는(많이 생산해서 많이 수취하자는) 주의인데 다취가 과하다는 비난이 없지 않다.'

기사는 이렇게 이어진다.

'반면 (조선인 대지주인) 현준호 같은 사람은 경영 방식이 상당히 원시적이고 소작료는 아버지 시대 그대로이지만 소작인 지도도 별로 하지 않아 오히려 좋지 않다는 비평까지 있다.'[408]

구마모토가 '소작료를 많이 취한(다취多取)' 악덕 지주인가 혹은 '근대기술을 도입해 생산성을 높인(다작多作)' 자본가였냐에 대해 당시에도 여론이 엇갈렸다는 뜻이다. 하지만 자기가 수확한 쌀을 절반 이상 바친 조선 농민에게 구마모토는 그냥 지주가 아니라 악덕 '일본인' 지주였다. 지주여서가 아니라 일본인이어서 더 심한 비난을 받았다. 대신 구마모토 농장 앞에서 말편자를 박아주며 먹고 살던 가난한 일본인 시가志賀는 '정확한 이름도 모르는 초라한 사람'으로 낮춰 보며 살았다.[409]

선한 지주 구마모토, 선한 의사 이영춘

1935년 6월 17일 세브란스 의전 병리학 교실에 근무하던 이영춘이 일본 교토제국대 의학박사 학위논문 심사에 통과됐다. 조선인 지도교수 윤일선 아래 조선에서 공부한 최초의 조선인 박사였다.[410]

사흘 뒤 경성 조선호텔에서 구마모토 리헤이라는 지주가 세브란스 교장 오긍선을 만나 병리학 교실에 3년간 연구비 500원을 매년 지원하겠다고 약정했다. 이영춘은 8월 31일 정식으로 일본 문부성으로부터 박사학위 인가증을 받았다.[411]

1호 박사가 확정되기 두 달 보름 전인 4월 1일, 이영춘이 학계와 의학계를 버리고 구마모토 농장 조선인 전담병원 주치의로 취직했다. 구마모토는 본인

한때 대지주 구마모토 별장이었다가 더 오랜 세월 농촌 보건의 아버지 이영춘의 사무실로 쓰였던 군산 이영춘 기념관

이 운영하는 재일 조선 유학생 장학회 혜택을 받은 조선인 의사들에게 먼저 의뢰를 했으나 거절당한 터였다.[412] 영문학자 이양하도 구마모토 장학생 가운데 하나였다.

취직을 청하는 구마모토에게 이영춘은 "월급이 아니라 무료 진료가 목적이니 귀하가 나를 굶겨 죽이지는 않으리라 믿는다"고 답했고, 구마모토는 총독부 의원부 고등관 월급인 150만 원을 주겠다고 답했다.[413]

조선인 진료는 전액 무료였다. 이영춘에 따르면 구마모토는 '수일 전까지 건강하던 소작인이 농장 앞 공동묘지로 장사葬事해 가는 광경을 여러 번 목격하고,' '수의사는 두 명이나 두고도 가장 중요한 소작인 질병에 대비하지 못해 자책감을 느꼈다'고 했다.[414]

이영춘은 또 기억한다.

"세상은 선의의 사업도 호평하려 하지 않는 법이니, 우리 무료 진료 사업도 농장의 정략 사업이라 혹평할지 모른다. 이 선생만은 내 진의를 이해해 주기 바란다."

그리하여 구마모토 농장 자혜진료소 문 앞에는 연일 소작인과 가족들 발길이 끊이지 않았다. 이영춘은 1935년 첫해에만 환자 7,000명을 진료했고 연인원으로는 3만 명을 진료했다. '지랄병 발작'이라는 응급 요청에 급히 달려갔다가 회충약만으로 순식간에 치료된 아이도 있었다. 소작인을 가장해 찾아오거나 소작권을 사려는 사람도 생겨났다.[415]

해방, 그리고 그들

해방이 되었다. 구마모토처럼 군산에서 대농장을 경영하던 시마타니 야소야는 개정면 발산리 농장에 그동안 수집한 석물石物과 농장을 그대로 두고 귀국했다. 농장에는 2층짜리 콘크리트 금고 건물도 있었고, 석물 몇몇은 훗날 대한민국 보물로 지정됐다. 보물인 동시에 식민지에 각인해 둔 탐욕의 흔적이다. 농장 앞에서 말편자를 박던 일본인 사기는 어찌 됐는지 아무도 모른다.

구마모토 또한 모든 걸 놔두고 두 번 다시 조선으로 오지 못했다. 도쿄 조선인 YMCA는 용산에 고아원을 운영했던 소다曾田와 구마모토에게 감사장을 증정했다. 이영춘은 1961년 일본에서 구마모토와 재회했다.[416]

이영춘은 구마모토 농장 병원을 인수해 농촌 보건 사업을 계속했다. 간호대학을 설립하고 병원을 증설하고 농촌을 순회하며 보건 활동을 벌이다 1980년 재산 하나 없이 죽었다. 사무실로 쓰던 군산 구마모토 별장은 이영춘

시마타니 농장에 남아 있는 금고 건물

기념관이 됐다. 그는 대한민국 농촌 보건의 아버지다. 큰아버지를 보며 자란 조카 이주민은 의료와 봉사 그리고 가난까지 똑같은 길을 걸으며 군산에 살고 있다.

2011년 이성당 대표인 집안 며느리 김현주와 이즈모야 창업주 손녀 히로세 츠루코가 일본에서 만났다. 츠루코는 사위와 함께 이마리시에서 제과점을 운영했다. 사위에게 넘길 때까지 제과점 이름은 이즈모야였다. 그 모든 복잡다기한 식민시대가 이 아름다운 도시 군산에 남아 있다. 땅의역사

해방 직후 정치 거물들은
경성 최고 갑부 집에서 살았다

김구의 경교장, 박헌영의 혜화장과 이승만의 돈암장

해방이 되고 1년이 흐른 8월 10일 제정된 '서울시 헌장'은 '경성부'를 '서울 특별자유시'로 변경했다. 새롭게 탄생한 서울시는 두 달 뒤인 10월 1일 고시를 통해 행정구획명칭도 변경했다. 개정 동명은 대체로 합방 이전 명칭을 채택하거나 위인을 기념하여 작명했고, 일본식 주소 단위 정町은 동洞, 정목丁目은 가街로 고쳤다. 11월 21일 '서울특별시헌장 수여식'이 성대하게 열렸다. 경성은 사라지고 서울특별시가 앞으로 탄생할 대한민국 국도國都로 선포됐다.

그런데 수여식을 보도한 신문들부터 혼란스러웠다. 행사 다음 날인 11월 22일 자 『한성일보』는 행사장을 '서울중학 강당'이라고 표기했고 당일인 11월 21일 자 『공업신문』은 '경성중학'이라고 표기했다. 문영당이라는 출판사는 〈신동명입新洞名入 서울안내〉라는 지도를 제작해 재미를 봤다. 지명을 붉게 인쇄한 식민시대 지도에 검은색으로 새 지명을 추가해 인쇄한 지도였다. 지도에는 출판사 주소도 신주소 '인현동'과 옛 주소 '앵정정櫻井町'이 병기됐다.

1946년 미군정 자문기관인 민주회의 창덕궁 회의를 마치고 기념촬영을 한 이승만과 김구 [대한민국역사박물관]

그 1년 사이에 참으로 많은 일이 벌어졌다. 해방된 시민들을 깜짝깜짝 놀라게 하는 사건이 그 서울특별시 대저택들에서 벌어졌다. 대저택 이름은 각각 경교장, 돈암장, 혜화장과 벽수산장이다.

해방, 그리고 귀국

1945년 8월 15일 정오 일본 천황 쇼와가 항복을 선언하는 라디오방송이 경성 시내에 흘러나왔다. '패전敗戰', '항복降服' 같은 명시적인 표현은 없었다. '4개국에 대하여 그 공동선언을 수락', '잔학한 폭탄을 사용하여 빈번히 무고한 사람들을 살상' 같은, 얼핏 들으면 뭔 말인지 알 수 없는 말이 가득했다. 다음 날에야 경성 사람들은, 조선인들은, 자기들이 해방됐음을 알게 되었다.

국내외 독립운동가들이 일제히 공개적으로 활동을 개시했다. 이미 총독부로부터 권력 인수를 제안받은 '건국동맹' 지도자 여운형은 8월 15일 당일 '건국준비위원회'를 조직했다. 광주에서 벽돌공장 노동자로 은신해 있던 공산주의자 박헌영은 즉각 경성으로 올라와 8월 20일 조선공산당재건준비위원회를 결성했다. 준비위는 남조선노동당, 즉 남로당을 창당했다.

그리고 11월 23일 중국에서 활동하던 임시정부 요인 1진이 환국했다. 만인의 대환영 속에 귀국한 지도자 김구는 다음 날 조선중앙방송 라디오를 통해 "삼천만 동포의 지지를 받아 자주독립 완성에 매진하겠다"고 선언했다.[417] 1940년 강제 폐간 후 복간됐던 조선일보는 복간 사흘 만인 11월 26일 1면에서 '김구 주석에의 기대 절대-국내 현실을 파악해 전선 통일이 요체'라고 주문했다. 이미 귀국해 있던 이승만이 김구를 만나 환국을 축하했고 여운형 또한 김구를 찾아가 덕담을 나눴다.

김구의 경교장

위 조선일보 기사에 붙어서 잘생긴 건물 사진이 게재돼 있는데, 사진 설명은 이러했다.

'국민의 시청視聽이 집중되는 김구 선생 숙소'

그 숙소는 경성 서대문 죽첨정竹添町에 있는 2층 양옥이다. 사람들은 이를 '죽첨장竹添莊'이라고 불렀다. 식민시대 금광으로 떼돈을 번 금광왕 최창학이 1938년 지은 저택이다.

1945년 11월 23일 중국에서 환국한 임정 지도자 김구는 그날 오후 서울 죽첨정(竹添町)에 있는 '죽첨장(竹添莊)'에 들어갔다. 죽첨장은 식민시대 금광으로 떼돈을 번 친일 갑부 최창학이 살던 집이다.

박헌영(안경 쓴 사람)과 여운형 [위키피디아]

1966년 화염에 휩싸인 '벽수산장'. 친일 귀족 윤덕영이 만들었고, 해방 직후 박헌영의 '조선인민공화국' 사무실이었고,
전후에는 한국통일부흥위원단(UNCURK) 사무실로 쓰이다 화재로 사라졌다. [국가기록원]

죽첨정竹添町(다케조에쵸)은 1884년 갑신정변 당시 일본 공사 다케조에 신이치로 이름을 딴 행정구역이었다. 1946년 서울헌장에 의해 을사조약 때 자결한 민영환 시호를 따 충정로로 이름이 바뀌었다. 최창학은 천만장자로 불렸다. 김구 비서였던 선우진에 따르면 임시정부환영회의 위원장 김석황이 최창학에게 부탁해 죽첨장을 김구에게 내줬다.[418] 민족지도자 김구가 친일 거부 저택을 받아들인 이유에 대해서는 아무 기록이 없다.

나머지 임정요인들은 옛 혼마치 호텔인 충무로 한미호텔을 숙소로 사용했다. 1946년 말 주소 체계가 바뀌었어도 사람들은 죽첨장이라고 불렀다. 신문에서 죽첨장이라는 명칭은 1947년 중반까지 '경교장'과 혼용되다가 하반기에 가서야 사라졌다.

박헌영의 혜화장 그리고 벽수산장

광주에 은신해 있던 박헌영은 서울로 올라오자마자 혜화동에 자리를 잡았다. 혜화동에는 전라도 익산 함열 출신 거부 김해균이 사는 저택이 있었다. 갑부인 동시에 사회주의자인 김해균은 해방 전부터 보성전문학교 교수로 재직하면서 공산주의자에 경제적 후원을 하던 인물이었다.[419] 김해균은 해방과 함께 박헌영에게 집을 내줬고, 그 집은 이후 '혜화장'이라 불렸다. 박헌영은 이곳에 조선공산당재건준비위원회를 설립했다.

박헌영은 '비슷하되 결이 다른' 사회주의 계열인 여운형의 건국준비위원회와 합작해 조직 재건을 시도했다. 건국준비위원회 멤버는 차곡차곡 공산주의 계열로 메꿔졌다. 그리고 9월 6일 박헌영-여운형은 옛 경기여고(현 헌법재판소)에서 전국인민대표자대회를 열고 '조선인민공화국(인공)' 설립을 선언했다. 9월 14일 인공이 발표한 내각은 주석에 이승만, 내무부장에 김구 등 제사상 웃기처럼 민족주의 세력이 있었을 뿐 절대다수가 공산주의자들이었다. 강령에는 민족반역자 재산 몰수 및 주요시설 국유화가 포함돼 있었다.

그 강령을 만들고 발표한 조선인민공화국 사무실은 서울 옥인동 47번지에 있었다. 바로 식민시대 문을 열고 그 시대 일신영달을 위해 마음껏 살다 간 친일 귀족 윤덕영이 지은 '경성 아방궁 벽수산장'이 이들 공산주의 공화국 사무실이었다(『땅의 역사』6권 3장 '친일 매국 귀족 윤덕영의 구리시 별장 터 비석의 비밀' 참조). 식민시대 말 윤덕영 일가가 일본 기업에 팔아버린 이 집을 수용해 새 나라 건국 사무실로 쓴 것이다.[420] 10월에 귀국한 이승만은 11월 7일 조선인민공화국 주석 취임을 공식적으로 거부했다.[421] 벽수산장은 전쟁 뒤 한국통일부흥위원단(UNCURK) 사무실로 쓰이다 1966년 화재로 사라졌다.

이승만과 돈암장

10월 16일 귀국한 이승만은 조선호텔에 여장을 풀었다가 다음 날 돈암정敦岩町으로 거처를 옮겼다. 돈암정에는 자전거 타이어회사와 광산업으로 부자가 된 장진섭의 저택이 있었다. 황해도 출신인 민족주의 계열 지도자 장덕수가 동향인 장진섭에 부탁해 이뤄진 일이었다. 사람들은 당시 큰 저택 명칭에 유행하던 방식으로 이 집을 '돈암장敦岩莊'이라고 부르기 시작했다. 그런데 장진섭은 이미 집을 내준 직후부터 "이승만이 측근들에 둘러싸여 자신을 비롯해 정치자금을 제공한 경제인들을 멀리하고 있다"고 여기저기에 불만을 표시했다.[422]

결국 1947년 8월 이승만은 미군정 협조로 마포에 있는 옛 안평대군 정자국사편찬위원회에 보존된 마크 게인 취재 수첩. 김구가 "식민시대 국내 사람들은 모두 친일파"라고 주장했다고 적혀 있다. 그 말을 한 곳은 친일 갑부 저택인 죽첨장이었다. [국사편찬위]

담담정淡淡亭 터이자 총독부 정무총감 다나카 다케오田中武雄 여름 별장 자리로 거처를 옮겼다. 그리고 암살기도 사건이 적발되면서 두 달 뒤 기업인들이 모은 돈으로 이화동의 '이화장梨花莊'으로 이사했다.

해방, 그 혼돈과 미래

공산주의자는 자기네 이념을 좇아 사상의 건국을 추구했다. 민족주의 진영에서는 또 나름으로 민족 국가 건국을 추구했다. 35년 동안 소통이 단절된

채 벌였던 투쟁은 결국 갈등으로 폭발했다.

1946년 미국 언론인 마크 게인M. Gayn이 방한했다. 그가 꼼꼼하게 기록한 취재 수첩과 수첩에 근거한 단행본 『재팬 다이어리Japan Diary』는 태평양전쟁 직후 한국과 일본 상황을 구체적으로 알려준다. 취재 수첩 원문은 국사편찬위원회 전자사료관에 디지털화돼 있다.

1946년 11월 7일 게인이 경교장을 방문했다. 취재 수첩에는 이렇게 적혀 있다.

"일본이나 친일파와 불구대천의irreconcilable 적인 김구가 기자회견을 한 적이 있다. 그때 '친일파를 어떻게 할 것인가'라고 묻자 김구는 특유의 무뚝뚝한bluntness 목소리로 이렇게 답했다. '사실상 조선에 있는 모든 사람은 친일파들이다. 모두 감옥에 보내야 한다(Practically everyone in Korea is a collaborator. They all ought to be in jail).'"423

게인은 "그런데 통역가는 눈 하나 깜빡이지 않고(not even blinking) '조심스럽게 연구해야 할 문제(problem to be studied carefully)라고 하셨다'고 통역했다"라고 기록했다.

국내파 독립운동가에 대해 임정요인들이 가지고 있던 이 같은 생각은 장덕수 평전인 『설산 장덕수』424에도 나와 있다. 1945년 12월 국일관에서 열린 임정요인 환영연에서 '국내에 있던 사람은 크거나 작거나 간에 모두 친일파'라는 말이 튀어나오면서 극도의 갈등이 터져버렸다는 것이다. 여운형은 이 같은 친

일파 취급에 '혁명 세력을 분열시키는 과오를 범하는 것'이라며 비난했다.[425]

김구가 이 말을 한 곳이 옛 죽첨장인 경교장이다. 마크 게인은 '그런 김구가 금광왕 저택에 살고 있다는 사실은 김구 또한 타협할 생각이 있다는 뜻'이라고 적었다.[426]

하지만 갈등은 해소되지 않았다. 무법천지였다. 1945년 12월 30일 송진우가 암살당했다. 1947년 7월 19일 여운형이 암살당했다. 12월 2일 장덕수가 암살당했다. 1949년 6월 26일 김구가 암살당했다. 범인들은 검거됐지만 배후는 지금까지 밝혀지지 않았다.

그런 갈등을 안고 1948년 대한민국이 섰다. 여전한 갈등 속에 지금 우리가 산다. 여기까지 해방 직후 벌어졌던, 하지만 잘 알려지지 않은 작은 이야기였다. 왜 저 위풍당당한 지도자들이 식민시대 친일 거물들이 제공한 저택에 둥지를 틀었는지, 여전히 궁금하다. 땅의역사

09 "우리의 적은 달래내 고개다. 무조건 길을 뚫어라"

달래내 고개 비석 이야기

경부고속도로가 내려다보이는 경기도 성남시 달래내 고개 옛길 고갯마루에 비석이 하나 서 있다. 1968년 경부고속도로 달래내 구간 공사 때 순직한 육군 1201건설공병단 소속 병장 한기영 순직비다.

달래내 고개에 서 있는 작은 비석

경부고속도로가 내려다보이는 달래내 고개 옛길 고갯마루에 비석이 하나 서 있다. 비석 주인 이름은 한기영韓基榮이다. 비석 주소는 경기도 성남시 수정구 달래내로343이다. 제1201건설공병단 소속 사병 한기영은 1968년 3월 23일 이곳 달래내 고개에서 죽었다. 비석 몸통과 아래 석판에는 이렇게 새겨져 있다.

'고 병장 한기영 순직비. 조국의 번영을 위하여 목숨 바친 공병의 얼 고속도로와 더불어 영원히 빛나리. 1968년 3월 23일 순직'

순직 당시 상병이었던 한기영은 병장으로 추서되고 지금 국립대전현충원에 안장돼 있다. 묘역 비석에는 생전 계급 상병으로 표시돼 있다. 이 글은 한기영에게 바치는 글이며 그와 대한국인 모두가 만든 나라에 바치는 글이다.

한강의 기적? 500년 만의 기적!

1967년 한국 1인당 국민총생산(GNP)은 142달러였고 수출은 3억2,000만 달러였다. 그해 서울 영등포구 구로동과 가리봉동에 구로공단이 들어섰다. 청계천에서 쫓겨난 철거민 판자촌과 야산, 미8군 탄약창고 터에 만든 이 공단에서 사람들은 섬유와 봉제, OEM으로 계약한 전기, 전자제품과 가발을 만들었다. 그리고 4년이 지난 1971년 대한민국 수출액은 10억6만7,000달러로 치솟았다.[427]

숫자를 수직 상승하게 만든 요인 가운데 도로가 있다. 공단에서 생산한 물건을 항구까지 운반하는 물류 기반이 도로다. 한반도에, 유사 이래 처음으로, 상공업을 위한 도로가 그때 생겨났다. 바로 경부고속도로다. 사람들은 식민시대와 전흔을 싹 지워버린 대한민국을 '한강의 기적'이라고 부른다. 하지만 현미경으로 들여다보면 대한민국의 기적은 500년의 기적이다. 500년 동안 조선왕조가 성리학 교조주의에 빠져 방치하고 억압했던 상업과 공업을 대한 국인들이 부활시킨 것이다. 그 드라마 주인공이 바로 '길'이다.

조선의 길, 폭 1m

조선은 법이 완비된 국가였다. 수도 한성은 물론 한성 외곽과 지방에 이르는 길에 대해서도 설치와 유지, 보수에 관해 구체적으로 규정했다.[428] 예컨대 한성 내부도로 폭은 대로大路 56척, 중로 16척, 소로 11척으로 닦도록 규정했다. 정해진 거리마다 이정표(堠·후)를 세워 거리와 지명을 표시하도록 규정했다. 그리고 고려시대까지 형성돼 있던 길들을 정비해 한성에 이르는 9개 도로망을 구축했다. 대동여지도를 만든 김정호는 현대 도로원표에 해당하는 거리 시작점을 창덕궁 돈화문으로 잡았다.

법규상으로는 세련되고 완비된 도로망이지만 실제는 매우 많이 달랐다. 한성에서 가장 넓은 경복궁 앞 육조거리는 56척(17m)이라야 하지만 육조거리를 발굴한 결과 그 폭은 자그마치 50m가 넘었다.[429] 법을 지키지 않은 것이다.

'외방 도로'라 불리는 지방도도 마찬가지였다. 명확한 규정이 있었지만 현장 지형지물에 따라 그 폭이 들쑥날쑥했다. 영조 때 학자 유형원에 따르면 지방도는 큰길은 12보步요 가장 좁은 소로小路는 폭이 6보였다.[430] 그런데 지켜지지 않았다. 예컨대 영남대로에서 가장 좁은 문경새재 남쪽 '토끼비리'는 폭이 1m가 되지 않은 낭떠러지 길이었다. 영남대로가 한성으로 진입하는 마지

경부고속도로 최고난도 구간이었던 충북 영동 당재터널. 개통 예정일을 열흘 앞두고 상행과 하행이 마침내 연결된 장면이다.

막 고개 또한 1m가 되지 않았고 경사도 급했다.[431]

수레는 고사하고 사람도 비켜 가기 힘든 길이 '대로大路'를 막은 것이다. 토끼비리는 그 협소한 폭으로 말미암아 '견훤을 피해 달아나던 왕건을 토끼가 안내했던 길'이라는 전설까지 붙어 있다. 그런 길마저 주용도는 정치, 군사적 기능에 있었을 뿐 민간 상업이나 여행 따위는 조선왕조 도로 쓰임이 아니었다.[432]

세종이 없앴던 달래내 고개

사람 교행이 불가능할 정도로 좁았던, 한성 남쪽 마지막 고갯길이 바로 맨 처음 말한 한기영 병장 순직비가 서 있는 달래내 고개다. 그런데 그나마 그 좁아터진 고개 또한 한때 풍수론자에 의해 흙과 바위로 메꿔져 사라질 뻔했다. 세종 때다.

최양선이라는 풍수가가 태종릉 헌릉이 달래내 고개 때문에 기가 눌린다고 하자 세종이 논의 끝에 이를 승인하고 달래내 고개를 폐쇄한 것이다.[433] 우여곡절 끝에 26년 뒤 세조 때 다시 통행이 허용되긴 했지만 영남대로는 불구로 반세기를 견뎌야 했다.

쓸데없는 상공업과 쓸데없는 수레

"농사에 힘쓰고 상업을 억제하여 이익된 일을 일으키고 해되는 일을 제거한다(務本抑末 興利除害·무본억말 흥리제해)."

이렇게 인간의 탐욕을 유도하는 상공업을 억제하라고 명을 내린 사람은 정조다.[434] 더한 지도자도 있었다. 성종 때는 전라관찰사 보고에 따라 '매월 두 차례 장場을 열어 근본을 버리고 끝을 따르는(捨本逐末·사본축말) 행위'를 금지했다.[435] 농업을 경시하는 풍조를 없애기 위해 정기 장을 없앴다는 보고다. 중종 때는 '상업은 도둑질하는 근본이 되는 것이니 금해야 한다'고 영의정 정광필이 보고했다.[436]

상업이 이토록 억제되니 상업을 팔도로 실어 나를 도로와 수레는 필요가 없었다. 산세가 험하다는 사실도 도로 건설을 후순위에 두는 데 좋은 핑계였다. 세종 때 명정승 황희가 세종에게 이렇게 답한다. "수레가 운반하는 데는 편리하나 길이 험하면 쓸 수 없고 바닷가 모랫길에서 또한 쓰기가 어렵다. 기껏 수레를 만들어봤자 다 쓸모가 없게 되니 왜 만드는가."[437]

"길이 없으면 만들어야!"

1644년 인조 때 보수당인 서인 소속이지만 실용주의자였던 관료 김육이 209년 전 명승 황희에게 이렇게 대답한다. "혹자는 우리나라가 길이 험해 수레를 사용할 수 없다고 하나, 수레가 왕성한 중국이라고 어찌 길이 다 평탄하겠는가. 평안도에도 없는 험준한 재들을 물품을 싣고 넘나든다. 어찌 수레를 사용하지 못할 리가."[438] 너무나도 상식적이고 당연한 말이다. 하지만 성균관 교장인 대사성大司成 김육이 올린 상소는 먹히지 않았다.

1783년 정조 때 청나라를 다녀온 북학파北學派 태두 박지원이 똑같은 논의를 했다. 이러했다. '중국에도 위태한 고개가 없는 것은 아니지만 수레가 가지 못하는 곳이 없다. 그런데 우리나라는 길이 험하여 수레를 쓸 수 없다니. 나라에서 수레를 쓰지 않으니까 길이 닦이지 않을 뿐이다. 만일 수레가 다니게 된다면 길은 저절로 닦이게 될 테니 어찌하여 길거리의 좁음과 산길의 험준함을

걱정하랴.'439

　박지원 제자 박제가 또한 정조에게 『북학의北學議』라는 책까지 지어 올리며 도로를 만들고 수레를 제작하자고 했지만 씨알도 먹히지 않았다. 개화파 박영효가 한성판윤으로 있던 1882년 "도로를 닦고 오물을 없애자"는 동료 김옥균의 '치도약론'에 따라 도로 정비를 했지만 수구파의 견제로 박영효는 석 달 만에 광주 유수로 좌천되고 도로 사업은 오물 속으로 사라졌다. 세계가 성城을 허물고 길을 택했을 때 조선은 끝까지 성에 안주했다.

1968년 1월 25일 길이 열리다

　식민지가 되고 해방이 되고 전쟁이 터졌고 전흔戰痕이 깊게 남았다.

　그리고 길이 생겼다.

　1968년 1월 25일 서울~수원을 잇는 경수고속도로 달래내 구간 3km 공사가 시작됐다. 투입된 인력에는 육군 제1201건설공병단 220대대도 포함됐다. 1중대장 대위 노부웅이 선언했다.

　"우리의 적은 저 달래내 고개다."440

　얼어붙은 논밭은 다이너마이트로 폭파하고 평평하게 다졌다. 서낭당 우주목으로 마을 주민들이 숭배하던 노거수 한 그루도 고사를 지내고 밑동에 도화선을 감아 폭파했다. 며칠 뒤 불도저 한 대가 후진 도중 전복했다. 사람들은 신목의 저주라고 수군댔다.

　위 회고록에는 없지만 바로 이 사고로 상병 한기영이 순직한 듯하다. 한기영에 대한 기록은 더 이상 보이지 않는다. 그래서 달래내 고갯마루 작은 비석이 더 눈에 박힌다.

개통 당시 경부고속도로. 경부고속도로는 미친 정부와 미친 시공사와 미친 노동자들이 이뤄낸 미친 고속도로였다. 1970년 7월 7일 대구에서 열린 경부고속도로 개통식 직후 당재터널 근처에 건립된 경부고속도로 순직자 위령탑에 참배한 당시 대통령 박정희 내외.

충북 영동 당재터널은 사고가 난무한 최악 최후의 구간이었다. 걸핏하면 천장이 무너지고 바위가 굴러 떨어져 사람이 죽었다. 당재터널은 개통일로 예정됐던 1970년 7월 7일을 열흘 앞두고야 겨우 완공됐다. 지금 경부고속도로 금산휴게소 맞은편에는 그 죽은 자들을 기리는 위령탑이 서 있다.

전쟁을 벌이듯, 500년 동안 동맥경화를 앓던 한반도에 그렇게 길을 뚫었다. 정부도 미쳤고 시공사 현대건설도 미쳤고 투입된 모든 인력이 다 미친 듯이 만든 미친 고속도로였다. 350년 전 대사성 김육, 그리고 200년 전 북학파 박지원이 꿨던 꿈이 그제야 이뤄졌다. 수레가 다녀야 하니까 길을 뚫었고 길을 뚫으니 더 많은 수레가 부富를 싣고 달리지 않는가. 대한민국이 바로 역사다. [땅의 역사]

답사 안내

* 각 장별 중요 답사지 주소 및 검색어입니다. 답사지가 없는 장은 제목만 표시했습니다.
* 대중교통은 인터넷으로 검색해 주십시오.
* 모든 장 이야기 배경이 여행하기 좋은 곳들만은 아닙니다. 답사할 곳이 전국으로 흩어져 있는 경우도 있습니다. 이런 점을 감안해 주세요.

1장 흔적의 시작: 조선 전기

1. 안동별궁(安洞別宮)에서 벌어진 오만가지 일들

• 안동별궁(현재 서울시립공예박물관): 서울 종로구 율곡로3길 4. 월요일 휴관. 주차장 없음
• 영응대군 묘: 경기 시흥시 군자동 659-3
• 김옥균, 서재필 집터: 서울 종로구 화동 현 정동도서관. 도서관은 첫째·셋째 수요일 휴관.
• 박규수 집터: 서울 종로구 재동 헌법재판소

2. 중국에 바친 여자, 공녀(貢女)

• 경복궁: 서울 종로구 사직로 161. 월요일 휴관

3. 흥천사 동종의 운명과 조선 선비 불교 말살사

• 서울 청계천 광통교: 신덕왕후릉에서 나온 석물을 뒤집어 붙여서 보수한 다리
• 정릉: 신덕왕후릉. 서울 성북구 아리랑로19길 116
• 원각사지: 절터는 사라지고 원각사 10층 석탑은 서울 탑골공원 구내에 있다. 서울 종로구 종로 99
• 회암사지: 경기도 양주시 회암동 18. 적막하고 넓은 절터가 웅장하다.

4. 선정릉 옆 봉은사에 남은 조선 불교 대참사 흔적

• 선정릉: 서울 강남구 선릉로100길 1. 월요일 휴관
• 봉원사: 서울특별시 강남구 봉은사로 531

5. 영주 순흥 금성대군 신단과 피끝마을

• 금성단(금성대군신단): 경상북도 영주시 순흥면 내죽리
• 소수서원: 경상북도 영주시 순흥면 내죽리. 소수서원과 금성단 사이에 콘크리트 다리가 있다.
• 피끝마을: 경상북도 영주시 안정면 안정로 490-32. 마을회관 주차장에서 성황당 가는 등산길.

6. 조선 대표 건달 권력자, 선조 아들 임해군

• 임해군 묘: 경기도 남양주시 진건읍 송능리 산52-14. 마을 안쪽 길로 진입하면 왼쪽 산비탈을 유심히 본다. 길 같지 않은 급한 길이 나 있다. 그리로 걸어갈 것.

- 북관대첩비: 하나는 경복궁 내 고궁박물관 잔디밭, 하나는 의정부 정문부 묘에 있다. 정문부 묘는 경기도 의정부시 산단로132번길 59-17

7. 조선 최고 국립학교장 성균관 대사성
- 성균관: 서울 성균관대학교 대학로 쪽 정문에 붙어 있다. 서울 종로구 성균관로 31

8. 조선왕조 500년 동안 한성판윤은 무엇을 했나

2장 폭풍 같았던 흔적들: 조선 후기

1. 스스로 노비를 택한 노비 계약, 자매문기(自賣文記)

2. 조선 노비 엄택주의 파란만장한 인생
- 장릉: 단종릉. 강원도 영월군 영월읍 단종로 190. 연중무휴

3. 1755년 남대문에서 폭발한 영조의 광기(狂氣)
- 나주객사 금성관: 전남 나주시 과원동. 동학농민군 토벌을 기념하는 금성토평비도 있다.
- 남대문: 서울 남대문(숭례문).

4. 1728년 이인좌의 난과 도래한 노론 천하
- 안성낙원역사공원: 경기 안성시 낙원길 78. 공원 안에 석물들이 흩어져 있다. 안성토적송공비가 가장 크다.
- 합천 무신평란 사적비: 경상남도 합천군 합천읍 합천리, '함벽루' 가는 길목 언덕에 서 있다. 안내판이 없으니 해설사에게 물어볼 것.

5. 금등지서의 비밀과 사도세자의 화성 융릉
- 융건릉: 사도세자와 정조가 묻힌 왕릉. 경기 화성시 효행로481번길 21. 월요일 휴관
- 창경궁 휘령전: 사도세자가 뒤주에 갇혀 죽은 자리. 월요일 휴관

6. 사도세자 아들 정조가 은폐해 버린 기록들
- 수원 화성: 경기 수원시 장안구 영화동 320-2. 규모가 방대하니 승용차를 이용했다면 공영주차장에 주차 후 시간을 두고 관람할 것.
- 화성 행궁: 경기 수원시 팔달구 정조로 825. 연중무휴. 수원화성박물관도 가본다. 박물관은 월요일 휴관

7. 간서치(看書痴·책 바보) 이덕무의 죽음
- 옛 규장각: 창덕궁 후원 주합루. 서울 종로구 율곡로 99 창덕궁 경내. 창덕궁관리소 홈페이지 통해 예약 필요. 현장에서는 오전 9시부터 선착순 판매.

3장 흩어지는 흔적들: 개화기

1. 고부군수 조병갑 무덤

- 조병갑 무덤: 충청남도 공주시 신풍면 사랑골. 구체적인 위치는 마을 주민에게 물어볼 것. 마을회관에서 멀지 않다. 길도 험하지 않다.

2. 서울 공덕오거리에 서 있는 흥선대원군 별장 금표비

- 공덕리 금표: 서울 지하철 5호선 공덕역 3번 출구 옆 공원 모퉁이
- 흥선대원군 별장터: 서울디자인고등학교 구내. 정문 안쪽 오른편 화단에 이를 알리는 표석이 서 있다.

3. 서울 종로구 화동 2번지 정독도서관 땅의 팔자

- 정독도서관: 서울 종로구 화동. 잔디밭 남동쪽 모서리에 김옥균 집터 표석이 있다. 박제순 우물석은 운동장 정면 건물의 뒤쪽 건물 오른쪽 화단에 있다. 계단 옆이라 금방 찾는다.

4. 고종-민비 묻힌 홍릉과 남양주 조말생 묘의 비밀

- 홍릉(홍유릉): 경기도 남양주시 홍유릉로 352-1. 월요일 휴관
- 조말생 묘: 경기도 남양주시 수석동 산2-2. 마을 중간 주차장에 주차 후 걸어서 갈 것. 무덤 입구에 석실서원 표석이 서 있다.
- 이괄 문중 묘역 석물(추정): 마을에서 서쪽으로 가면 자전거도로가 나온다. 그 도로와 맞붙은 개울을 건너 산 속으로 가는 골짜기가 있는데, 골짜기 곳곳에 큼직한 석물들이 흩어져 있다.

5. 친일 매국 귀족 윤덕영의 구리시 별장 터 비석의 비밀

- 푸이 빨래판: 구리시 '바람이 분다' 카페를 검색할 것. 이 카페로 오르는 길에 민가가 왼편에 있는데, 푸이 빨래판은 이 민가 안쪽에 있다. 사람이 사는 집이므로 반드시 허락 후 출입할 것.
- 윤덕영 별장 터: '구리시청' 검색할 것. 시청과 붙어 있는 구리아트홀 오른쪽 산길 위로 별장터 일부가 있다. 산 중턱 삼육고등학교 교내 연못도 그 흔적이다.

4장 뜻밖의 흔적: 식민과 근대

1. 인천 외국인묘지 군상(群像)

- 인천 외국인묘지: '인천가족공원' 검색. 인천 부평구 부평동 768-382. 화교 묘역과 일본인 묘역 지나서 공원 안쪽에 있다.
- 제물포구락부: 인천 중구 자유공원남로 25. 주차공간 없음. 위쪽은 자유공원이다. 맥아더장군 동상이 있다. 전망이 좋다. ☎ 032-765-0261 ⊕ jemulpoclub.com

2. 호러스 알렌과 운산금광

- 우정총국: 서울특별시 종로구 우정국로 59. 갑신정변 벌어진 곳

- 양화진외국인선교사묘원: 서울 마포구 양화진길 46. 언덕 위 평평한 묘역 앞쪽에 테일러 부자 비
  석이 있다. 다른 역사적 인물 묘석도 굉장히 많다.
- 입장기미독립기념탑: 직산금광 노동자들의 3·1운동 기념물. 이 부근이 직산금광이 있던 곳이다.
  충청남도 천안시 서북구 입장면 양대리 127-1

3. 테일러 부부와 직산금광
- 딜쿠샤: 서울 종로구 사직로2길 17. 주차공간 없음. 경사가 급하고 길이 좁으므로 골목 위로 차를
  몰지 말고 '반드시' 평지 주차장에 주차 후 걸어 올라갈 것. 월요일 휴관
- 직산금광 김봉서 공덕비: 충청남도 천안시 천안대로 '부대중앙길'과 '하야들길'이 만나는 부대동
  사거리 모퉁이에 있다. 부성1동 행정복지센터 부근이다.

4. 식민 조선의 태상왕, 고종의 일상

5. 1917년 순종의 일본 방문
- 순종동상: 대구 달성공원 앞. 대구 중구 달성공원로35

6-7. 근대사가 응축된 군산
- 군산근대화거리: 전북 군산시 해망로240 혹은 지번으로 장미동 1-67. 항구에 이국적인 풍경이
  펼쳐져 있다.
- 히로쓰 가옥(신흥동일본식가옥): 전북 군산시 구영1길 17. 앞 근대화 거리에서 걸어서 10분.
- 임피역: 전북 군산시 임피면 서원석곡로 2-5
- 이영춘 기념관(이영춘가옥): 군산간호대학교 검색. 옛 구마모토별장이다. 도로 건너에 이영춘 흉
  상과 공덕비가 있다.
- 이성당: 전북 군산시 중앙로177
- 시마타니 농장 유적군과 금고 건물: 발산초등학교 검색. 전북 군산시 개정면 바르메길43

8. 김구의 경교장, 박헌영의 혜화장과 이승만의 돈암장
- 경교장: 서울 강북삼성병원 구내. 서울 종로구 새문안로29. 월요일 휴관
- 이화장: 우남이승만박사기념관. 서울 종로구 이화장1길 32

9. 달래내 고개 비석 이야기
- 경부고속도로 한기영 병장 순직비: 경기도 성남시 수정구 달래내로343

주

1장

01

1 1450년 2월 17일 『세종실록』
2 〈영응대군 신도비〉
3 1446년 3월 7일 『세종실록』
4 1448년 12월 14일 『세종실록』
5 1448년 12월 14일 『세종실록』
6 1449년 7월 27일 『세종실록』
7 1467년 2월 2일 『세종실록』
8 1449년 6월 26일 『세종실록』
9 1453년 10월 10일 『단종실록』
10 1453년 11월 28일 『단종실록』
11 1457년 8월 16일 『세조실록』
12 1457년 10월 21일 『세조실록』
13 1466년 1월 19일 『세조실록』
14 1471년 7월 24일, 1472년 12월 2일 『성종실록』
15 강진철, 「안동별궁고」, 『아시아여성연구』 2집, 숙명여대 아시아여성연구원, 1963
16 1625년 2월 27일 『인조실록』
17 1624년 6월 9일 『인조실록』
18 1625년 3월 2일 『인조실록』
19 1625년 2월 27일 『인조실록』
20 1879년 11월 15일 『고종실록』
21 김용숙, 『조선조 궁중풍속연구』, 일지사, 1987, pp377-394
22 김용숙, 「궁중용어 및 풍속 채집보고서1」, 『아시아여성연구』 5집, 숙명여대 아시아여성연구원, 1966, 재인용
23 1936년 7월 12일 〈조선중앙일보〉; 문화재청, 『안국동별궁 이전복원 수리보고서』, 2009, p31

02

24 1521년 1월 21일, 22일 『중종실록』

25 『고려사』 권106 「열전」 제19 '박유'
26 『고려사』 권28 「세가」 제 28 '충렬왕 을해 원년(1275)' 10월
27 정구선, 『공녀-중국으로 끌려간 우리 여인들의 역사』 국학자료원, 2002, p28
28 필원, 『속자치통감』 214 원기元紀 32년(1358년)
29 『대명회전』 권105 「조공朝貢」
30 정구선, 『공녀-중국으로 끌려간 우리 여인들의 역사』 국학자료원, 2002, pp51-56
31 임상훈, 「명초 조선 공녀의 성격」 『동양사학연구』 122, 동양사학회, 2013
32 정구선, 『공녀-중국으로 끌려간 우리 여인들의 역사』 국학자료원, 2002, p122
33 1408년 4월 16일 『태종실록』
34 같은해 10월 11일 『태종실록』
35 1409년 5월 3일 『태종실록』
36 1408년 7월 2일 『태종실록』
37 1408년 7월 3일 『태종실록』
38 1408년 7월 5일 『태종실록』
39 1521년 6월 2일 『중종실록』
40 1650년 9월 9일 『효종실록』
41 1417년 5월 9일 『태종실록』
42 1427년 5월 1일, 1428년 10월 4일 『세종실록』
43 1435년 7월 20일 『세종실록』
44 1479년 7월 4일 『성종실록』
45 1409년 10월 10일 『태종실록』
46 1425년 9월 28일 『세종실록』
47 1429년 8월 18일 『세종실록』
48 1429년 12월 13일 『세종실록』
49 1427년 7월 21일 『세종실록』

03

50 1419년 9월 1일 『세종실록』
51 1409년 2월 23일 『태종실록』
52 1419년 8월 23일, 1419년 9월 8일 『세종실록』
53 1441년 윤11월 14일 『세종실록』
54 1504년 12월 26일, 1505년 2월 21일 『연산군일기』
55 1506년 9월 2일 『연산군일기』
56 1510년 4월 6일 『중종실록』
57 이긍익, 『연려실기술』 7권 「중종조 고사본말」

58 1510년 3월 28일 『중종실록』

59 1510년 이상 해당 날짜 『중종실록』

60 1512년 6월 15일 『중종실록』

61 1519년 6월 21일 『중종실록』

62 1566년 4월 20일 『명종실록』

63 1595년 6월 4일 『선조실록』

64 『회암사1 : 시굴조사 보고서』, 경기도박물관, 2001, p238

65 1821년 7월 23일 『순조실록』

66 1541년 6월 1일 『중종실록』

04

67 이긍익, 『연려실기술』 7권 「중종조 고사본말」 '왕비 신씨愼氏의 폐위와 복위의 본말'

68 1506년 9월 9일 『중종실록』

69 1516년 12월 16일 『중종실록』

70 1550년 12월 15일 『명종실록』

71 1562년 9월 4일 『명종실록』

72 1538년 9월 19일 『중종실록』

73 1539년 6월 3일 『중종실록』

74 1539년 6월 9일 『중종실록』

75 1549년 9월 8일 『명종실록』

76 1549년 9월 20일 『명종실록』

77 1660년 4월 3일 『효종실록』

78 1661년 1월 5일 『현종개수실록』

79 1664년 윤6월 14일 『현종개수실록』

80 백곡처능, 「간폐석교소」(1661); 오경후, 「조선후기 불교정책과 대응론」 『역사민속학』 31호, 역사민속학회, 2009, 재인용 정리

81 김윤식, 『속음청사』 1895년 4월 11일 등

05

82 1452년 윤9월 2일 『단종실록』

83 1453년 10월 16일, 18일 『단종실록』

84 1455년 윤6월 11일 『세조실록』

85 1455년 2월 27일 『단종실록』

86 같은 해 3월 21일 『단종실록』

87 1455년 윤6월 11일 『세조실록』, 1456년 6월 27일 『세조실록』

88 1456년 6월 27일 『세조실록』

89 1457년 6월 27일 『세조실록』

90 1457년 10월 21일 『세조실록』

91 1457년 10월 21일 『세조실록』

92 1457년 7월 10일, 16일 『세조실록』

93 1457년 10월 9일 『세조실록』

94 이야순, 「태평서당기」(1822)

95 박찬수, 「금성대군의 단종복위 순흥 의거」, 『민족문화』 34권, 한국고전번역원, 2010

96 1458년 7월 8일 『세조실록』

97 1462년 9월14일 『세조실록』

98 1457년 8월 2일 『세조실록』

99 1682년 1월 13일 『숙종실록』

100 『금성대군실기』 「피화시본적被禍時本蹟」; 이정화, 「순흥지역 단종복위의거 관련 詩文을 통해 본 선비정신 연구」 『한국사상과 문화』 no.61, 한국사상문화학회, 2012, 재인용

101 「순흥의 정축지변」, 순흥안씨대종회 (shahn. co.kr/bbs/content.php?co_id=soon heungahn_210)

06

102 1597년 9월 12일 『선조실록』

103 1583년 8월 5일 『선조실록』

104 1592년 4월 14일 『선조수정실록』

105 1589년 4월 1일 『선조수정실록』

106 1607년 3월 18일 『선조실록』

107 1592년 6월 1일 『선조수정실록』 등

108 이호민, 『오봉선생집』24, 「정문呈文」 '정례부대당로禮部大堂'

109 민인백, 『태천집』2, 「용사일록龍蛇日錄」 계사년 10월

110 이호민, 『오봉선생집』24, 「정문呈文」 '정례부대당로禮部大堂'

111 1592년 7월 1일 『선조수정실록』; 이긍익, 『연려실기술』 15권 「선조조고사본말」 '북도의 함락과 정문부의 수복'

112 1624년 11월 8일 『인조실록』

113 류성룡, 『징비록』 김시덕 역, 아카넷, 2013, p649

114 1593년 3월 4일 『선조실록』

115 1604년 1월 1일 『선조수정실록』

116 1603년 3월 9일 『선조실록』

117 1606년 8월 23일 『선조실록』
118 1600년 7월 16일 『선조실록』
119 1601년 2월 23일 『선조실록』
120 1609년 4월 29일 『광해군일기』
121 1603년 8월 6일 『선조실록』

07

122 1877년 3월 5일 『고종실록』
123 정도전, 『조선경국전』 上 「예전」
124 『경국대전』 『대전통편』 등 「이전吏典」 '성균관'
125 정낙찬, 「조선전기 성균관 대사성의 자격 및 자질, 임명, 임기, 대우」 『인문연구』 제17권 제1호, 영남대학교 인문과학연구소, 1995
126 1504년 8월 17일 『연산군일기』
127 1542년 1월 19일 『중종실록』
128 이긍익, 『연려실기술』 7권 「중종조 고사본말」 '왕비 신씨愼氏의 폐위와 복위의 본말'
129 1470년 11월 8일 『성종실록』
130 최완기, 「조선 서원 일고」 『역사교육』 18, 역사교육연구회, 1975
131 정구선, 「조선후기 천거제와 산림의 정계 진출」 『국사관논총』 43, 국사편찬위원회, 1993
132 1787년 11월 4일 『정조실록』
133 장재천, 「정조 때의 성균관 대사성 교체 논고」 『한국사상과 문화』 82권0호, 한국사상문화학회, 2016
134 장재천, 앞 논문
135 「British History Online」 (www.british-history.ac.uk/vch/cambs/vol3/pp331-333)
136 「British History Online」 (www.british-history.ac.uk/vch/oxon/vol3/pp38-39)
137 하버드대 홈페이지, 「History of the Presidency」 www.harvard.edu/president/history/
138 위키피디아 중국판, 「清朝國子監祭酒청조국자감좨주」 (zh.wikipedia.org/zh-sg/zh.wikipedia.org/清朝国子监祭列表)
139 정덕희, 「조선시대 성균관 대사성의 출신배경 실태」 『조선시대사학보』 45권0호, 조선시대사학회, 2008

140 『신증동국여지승람』 2권 「비고편」 '경도京都'. 이긍익이 쓴 『연려실기술』 별집7권 「관직전고」 '성균관'에는 '성종 때 심었다'고 기록돼 있다.

08

141 박경룡, 『한성부연구』, 국학자료원, 2000, p25
142 류시원, 『조선시대 서울시장은 어떤 일을 하였을까』, 한국문원, 1997, p23
143 서울역사편찬원, 『조선시대 한성판윤 연구』, 서울역사편찬원, 2017; 류시원, 앞 책
144 장경호, 「고종대 한성판윤의 특징과 변화(1863~1907)」 『서울학연구』 65호, 서울시립대학교 서울학연구소, 2016
145 『경국대전』 「이전吏典」 '한성부'
146 박경룡, 『한성부연구』, 국학자료원, 2000, p45
147 1538년 8월 18일 『중종실록』
148 1848년 11월 30일 『승정원일기』
149 1799년 9월 27, 28일 『승정원일기』
150 박경룡, 『한성부연구』, 국학자료원, 2000, p44
151 박경룡, 앞 책, p45
152 1762년 8월 19일 『영조실록』
153 1790년 11월 4일, 12월 15일 『정조실록』
154 이원균, 「조선시대의 수령직 교체 실태」 『역사와 세계』 3권, 효원사학회, 1979
155 1728년 1월 11일 『영조실록』
156 1886년 8월 16일 『고종실록』
157 W. 샌즈, 'Undiplomatic memories', Whittlesey house, McGraw-Hill book company, 1930, p118

2장

01

158 1624년 6월 9일 『인조실록』
159 『고려사』 권108 「열전」 제21 '김지숙'
160 『경국대전』 권5 「형전」 '공천조公賤條'

161 『대명률강해』 권18 298조 「약인약매인略人略賣人」

162 1418년 12월 20일 『세종실록』

163 한국학중앙연구원, 『조선왕조실록 전문사전』

164 규장각한국학연구원 문서번호 221788

165 규장각한국학연구원 문서번호 167800

166 규장학한국학연구원 문서번호 140391

167 대전시립박물관 소장 자료

168 국립중앙박물관 소장품번호 '접수 2972-18'

169 규장각한국학연구원 문서번호 230579

170 규장각학국학연구원 문서번호 230583

171 규장각학국학연구원 문서번호 86981

02

172 1698년 11월 6일 『숙종실록』, 1755년 3월 12일, 1758년 10월 4일 『영조실록』

173 국사편찬위 『신편한국사』 34 「조선후기의 사회」 '노비신분층의 동향과 변화'

174 1732년 9월 2일 『승정원일기』

175 전경목, 「조선후기 노비의 속량과 생존전략」, 『남도민속연구』 26, 남도민속학회, 2013

176 규장각한국학연구원 문서번호 238046 「上典李贖良文記」

177 규장각한국학연구원 문서번호 167796-2 「朴生員宅奴李長生奴婢文記」

178 규장각한국학연구원 문서번호 207769 「金尙埏奴婢文記」

179 이긍익, 『연려실기술』 36권 「숙종조고사본말」 '난민을 잡아 다스리다'

180 1794년 7월 16일 정조18년 『일성록』, 김재호, 「자매노비와 인간에 대한 재산권, 1750~1905」, 『경제사학』 38, 경제사학회, 2005, 재인용

181 1729년 9월 2일, 1796년 8월 13일 『일성록』, 김재호, 앞 논문, 재인용

182 1886년 3월 11일 『고종실록』

183 1798년 12월 17일 정조 22년 『일성록』

184 『국조방목』, 한국학중앙연구원 장서각 K2-3538

185 1745년 3월 7일 『영조실록』

186 남하정, 『동소만록』, 원재린 역주, 혜안,

2017, p491

187 1745년 5월 26일 『영조실록』

188 1746년 5월 26일 『영조실록』

189 1755년 3월 10일, 3월 12일 『영조실록』

03

190 1721년 8월 20일 『경종실록』

191 1721년 10월 10일 『경종실록』

192 1721년 12월 6일 『경종실록』

193 1721년 12월 6일 『경종실록』

194 1755년 2월 4일 『영조실록』

195 1755년 3월 8일 『영조실록』

196 1755년 5월 2일 『영조실록』

197 1755년 5월 2일 『영조실록』

198 1755년 5월 4일 『영조실록』

199 1755년 5월 6일 『영조실록』

200 1755년 5월 6일 『영조실록』

201 1764년 5월 15일 『영조실록』

04

202 남하정, 『동소만록』, 원재린 역주, 혜안, 2017, p302

203 1728년 3월 20일 『영조실록』

204 1725년 11월 3일 『영조실록』

205 1728년 1월 11일 『영조실록』

206 1728년 3월 14일 『영조실록』

207 1728년 3월 25일 『영조실록』

208 1728년 3월 26일 『영조실록』, 박필현 심문

209 1728년 4월 24일 『영조실록』

210 1728년 3월 14일 『영조실록』

211 1728년 3월 23일 『영조실록』

212 1728년 4월 19일 『영조실록』

213 『무신역옥추안』 8책 7월 9일; 고수연, 「무신역옥추안에 기록된 무신란 반란군의 성격」, 『역사와 담론』 82, 호서사학회, 2017, 재인용

214 1733년 12월 19일 『영조실록』

215 1734년 11월 11일 『영조실록』

216 1737년 7월 1일 『영조실록』

217 1745년 5월 13일 『영조실록』

218 차장섭, 『조선후기 벌열연구』, 일조각, 1997, pp182-183, p276

원일기』

274 1894년 2월 15일 『고종실록』

275 국립고궁박물관 소장 민비 편지, '고궁 1178'

276 동학농민혁명 사료 아카이브, 1895년 2월 9
일 『전봉준 공초』 「초초문목初招問目」

277 국사편찬위, 『동학농민혁명사 일지』

278 『일본외교문서』 28권 1책, pp444-445,
「7. 조선 국내정 개혁에 관한 건」 「301. 왕궁
호위병 교대에 관한 국왕과 내각 충돌보고,
1895년 6월 26일」

279 1895년 7월 3일 『고종실록』

280 1904년 6월 20일 『황성신문』

281 1907년 7월 3일 『황성신문』

282 『대흥향토지』 대흥향토지편찬위원회, 2017,
p527

283 공주 「조규순 묘비문」

02

284 황현, 『매천야록』 1 上 「14. 대원군의 가묘」
국사편찬위

285 1870년 8월 25일 『고종실록』

286 이유원, 『가오고략嘉梧藁略』 10, 「아소당명我
笑堂銘」

287 『대전통편』 「분묘정한墳墓定限」

288 황현, 『매천야록』 1 上 「14. 대원군의 가묘」
국사편찬위

289 황현, 앞 책

290 1885년 8월 27일 『고종실록』

291 1885년 9월 10일 『고종실록』

292 1896년 양력 2월 13일 『고종실록』

293 이상 해당 날짜 『순종실록』

03

294 『각사등록』 근대편, 「청원서」 2, '김옥균 처의
청원서', 1909년 1월 29일

295 1894년 음12월 27일 『고종실록』

296 『경기90년사』 경기고등학교 동창회, 1990,
p55

297 1899년 4월 4일 『고종실록』

298 『신편한국사』 40, 「청일전쟁과 갑오개혁-교
육제도」 국사편찬위

299 『공훈전자사료관』 「박승유 독립유공자 공적
조서」 국가보훈처

300 이상 『경기90년사』 p120

301 1910년 6월 29일 『순종실록』

302 김윤식, 『속음청사』 14(한국사료총서 11집),
1910년 7월27일

04

303 1897년 10월 26일 『고종실록』

304 이윤상, 『1894~1910년 재정 제도와 운영의
변화』 서울대학교 국사학과 박사논문, 1996,
p141

305 김대준, 『고종시대의 국가재정 연구』 태학사,
2004, p129

306 1899년 3월 17일 『제국신문』

307 1899년 4월 12일 『제국신문』

308 1899년 4월 13일 『황성신문』

309 1900년 음5월 25일(양 6월 21일) 『승정원
일기』

310 1900년 6월 24일 『고종실록』

311 1900년 9월 1일 『고종실록』

312 1900년 9월 12일 『고종실록』

313 『홍릉천봉산릉주감의궤洪陵遷奉山陵主監
儀軌』

314 1900년 9월 21일 『고종실록』

315 황현, 『국역 매천야록』 3권(1900년), 「3. 금
곡 신릉 철도 개설과 신서선묘의 발굴」 국
사편찬위

316 1900년 9월 24일 『대한제국 관보』 1687호

317 남양주문화원, 『석실서원 지표 및 문헌조사』
1998, pp93-94

318 1901년 4월 12, 13일 『고종실록』

319 1922년 12월 13일 『조선일보』

320 1943년 7월 1일 『매일신보』

05

321 1915년 1월 21일 『매일신보』

322 1910년 10월 8일 『매일신보』 잡보

323 1910년 10월 12일 『경성신보』 1910년 10월
20일 『매일신보』; 이용창, 「일제강점기 조선
귀족 수작 경위와 수작자 행태」 『한국독립

운동사연구』 43권43호, 한국독립운동사연
구소, 2012, 재인용
324 1910년 10월 11일 『매일신보』
325 1926년 5월 31일 『조선일보』
326 곤도 시로스케權藤四介, 『대한제국 황실 비
사』(1926), 이언숙 역, 이마고, 2007, pp107-
108
327 윤대원, 「순종실기의 고종시대 인식과 을사
늑약의 외부대신 직인 강탈 문제」『규장각』
43호, 규장각한국학연구원, 2013
328 『조선귀족 약력』(1929); 심재욱, 「1910년대
조선귀족의 실태」『사학연구』 76호, 한국사
학회, 2004, 재인용
329 곤도 시로스케, 앞 책, p177
330 김해경, 「벽수산장으로 본 근대정원의 조영
기법 해석」『서울학연구』 62호, 서울시립대
학교 서울학연구소, 2016
331 1912년 2월 13일 중화민국 「임시공보臨時
公報」
332 윤평섭, 「윤덕영의 별장 강루정」『한국전통
조경학회지』 5권1호, 한국전통조경학회,
1986
333 1940년 10월 26일 『매일신보』

4장

01
334 인천광역시, 『제물포 진센 그리고 인천』(인
천역사문화총서 39), 2007, p123 등
335 나애자, 「개항기 민간해운업」『국사관논총』
53집, 국사편찬위, 1994
336 전우용, 「종로와 혼마치」『서울역사박물관
대학 24기 강연집』 서울학연구소, 2013
337 국역 『경성부사』 1권(1934), pp550-552
338 김윤식, 『음청사陰晴史』 1882년 4월 27일
339 하지영, 「한국근대 미국계 타운센드상회에
관한 연구」 이화여대 석사논문, 1995
340 이광린, 『개화당연구』 일조각, 1979, p214
341 이배용, 『한국 근대광업 침탈사 연구』 일조
각, 1997, p91
342 『주한일본공사관기록』 12권 「3.본성왕복보
고 1897년 3월 31일」

02
343 1415년 4월 20일 『태종실록』
344 1425년 8월 28일 『세종실록』
345 유승주, 「조선전기 대명무역이 국내산업에
미친 영향」『아세아연구』 통권 82호, 고려대
아세아문제연구소, 1989
346 1429년 12월 13일 『세종실록』
347 유승주, 「조선전기 대명무역이 국내산업에
미친 영향」『아세아연구』 통권 82호, 고려대
아세아문제연구소, 1989
348 1470년 4월 19일 『성종실록』
349 S. 플랫, 『Imperial Twilight』 알프레드 노프,
2018, p43
350 G. 매카트니, 『Some account of the public
life, and a selection from the unpublished
writings of the earl of Macartney』 2권, T.
Cadell and W. Davies, 1807, pp398-399
351 이배용, 『한국근대광업침탈사연구』 일조각,
1997, p2
352 이배용, 앞 책, p53
353 알렌, 「엘린우드에게 보낸 편지」 1884년 10
월 6일; F. 해링턴, 『God, Mammon & The
Japanese』 위스콘신대 출판부, 1944, p31,
재인용
354 알렌, 『알렌의 일기』 1884년 9월 22일, 김원
모 역, 단국대 출판부, 1991
355 『알렌의 일기』 1884년 10월 11일
356 『알렌의 일기』 1885년 1월 27일
357 알렌, 「엘린우드에 보내는 편지」 1885년
2월 26일. 이배용, 앞 책, p63, 재인용
358 알렌, 「에버렛에 보낸 편지」 1887년 7월
2일. 이배용, 앞 책, p64, 재인용
359 해링턴, 앞 책, p156
360 S. 파머, 『American Gold Mining in Korea's
Unsan District』『Pacific Historical Review』
Vol 31, No4, 캘리포니아대 출판부, 1962
361 H. 후버, 『The Memoirs of Herbert Hoover』
Vol 1, 맥밀런, 1950, p100

362 2018년 4월 12일 『로이터통신』

03

363 1900년 8월 16일 『고종실록』
364 에드윈 밀스, 「조선의 금광Gold Mining in Korea」, 『왕립아시아학회 한국지부 저널 Transactions of the korea branch of the royal asiatic society』 vol.7, 1916, p28
365 메리 테일러, 『호박 목걸이』 송영달 역, 책과함께, 2014, p115
366 에드윈 밀스, 앞 논문, pp28-29
367 윌리엄 테일러, 「조선의 도로, 과거와 현재」, 『왕립아시아학회 한국지부 저널Transactions of the korea branch of the royal asiatic society』 vol.15, 1924, p39
368 직산 주민 이흥규 구술, 「직산금광과 금배」, 『충남-잊혀진 시간을 말하다』 2, 충남문화원연합회, 2020, pp86-87
369 황서규 구술, 「직산 사금 이야기」, 앞 책 pp109-114
370 「광산하는 금광신사 기」, 『삼천리』 1938년 11월호
371 채만식, 『금과 문학』 1940. 전봉관, 『황금광시대』, 살림출판, 2005, p36, 재인용
372 임명순 구술, 「직산 금노다지와 한화그룹과 미국 남장로회」 충남문화원연합회, 앞 책, pp115-120
373 TechnipFMC 홈페이지 (www.technipfmc.com/en/what-we-do/surface/pressure-control)

04

374 1910년 8월 29일 『순종실록부록』
375 『통감부문서』 5권, 1.헤이그밀사사건급한일협약체결 (9)밀사 파견에 대한 한국 황제에의 엄중 경고 및 대한 정책에 관한 묘의 결정 품청 건, 국사편찬위
376 앞 문서, (3)헤이그 체재 한국 황제의 밀사 성명·자격 조회 및 대한 조치에 관한 건
377 1907년 7월 19일 『고종실록』
378 1400년 음6월 1일, 1907년 양8월 2일 『순종실록』
379 신명호, 「덕수궁 찬시실 편찬의 일기 자료를 통해본 식민지시대 고종의 일상」, 『장서각』 23집, 한국학중앙연구원, 2010
380 이상 해당 날짜 『고종실록』, 『순종실록부록』
381 1911년 9월 1일 『순종실록부록』
382 황현, 『매천야록』 2, 1895년 ③ 11. 상궁 엄씨의 입궁, 국사편찬위
383 1921년 5월 4일 『순종실록부록』
384 김용숙, 『조선조 궁중풍속연구』, 일지사, 1987, p11

05

385 고마쓰 미도리小松綠(전 통감부 외사국장), 『明治外交祕話명치외교비화』 原書房(도쿄), 1976, p283
386 곤도 시로스케權藤四郎介(전 대한제국 궁내부 사무관), 『대한제국 황실 비사』, 이언숙 역, 이마고, 2007, pp103-104
387 이왕무, 「대한제국기 순종의 西巡幸(서순행) 연구」, 『동북아역사논총』 31, 동북아역사재단, 2011
388 1909년 1월 4일 『순종실록』
389 『내각일기』, 「순행시제반준비략巡幸時諸般準備略」, 이왕무, 「대한제국기 순종의 남순행연구」, 『정신문화연구』 30권 2호, 한국학중앙연구원, 2007, 재인용
390 『통감부문서』 9권, 8.한국황제남순관계서류 (54) 이토 통감 연설 후 한민의 반향 및 봉영 상황, 국사편찬위
391 위 통감부문서, (53) 한국황제폐하 일행 봉영송 상황 보고 건
392 이왕무, 앞 「서순행」 논문
393 『어동상일기御東上日記』 6월 8일. 이왕무, 「1917년 순종의 일본 행차에 나타난 행행의례 연구」, 『한국사학보』 57, 고려사학회, 2014, 재인용
394 곤도 시로스케, 앞 책, p200

06

395 1898년 5월 26일 『고종실록』

396 후지이 가즈코, 「식민도시 군산의 사회사1-신흥동 일본식가옥과 히로쓰집안의 역사」, 『간세이가쿠인대학 사회학부 기요』 115집, 간세이가쿠인대학 사회학부연구회, 2012

397 『화호리, 일제강점기 농촌 수탈의 기억1』 국립완주문화재연구소, 2020, p36

398 20세기민중생활사연구단, 『20세기 화호의 경관과 기억』 눈빛, 2008, p47

399 이영춘, 『나의 교우록』 쌍천이영춘박사기념사업회, 2004, p28

07

400 함한희 등, 『빵의 백년사』 전북대 무형문화연구소, 2013, p21

401 1928년 8월 1일 『동아일보』 「매년 3000여 정보가 일본인의 소유화」

402 송규진, 「일제하 쌀이출 좁쌀 수입 구조의 전개 과정」 『사총』 55권0호, 고려대학교 역사연구소, 2002

403 『조선총독부총계 연보 농업편』

404 菱本長次, 『朝鮮米の硏究』 千倉書房, 1938, p703. 송규진, 앞 논문 재인용

405 이여성 등, 『數字朝鮮硏究』 1권, 세광사, 1931, p37

406 『화호리, 일제강점기 농촌 수탈의 기억1』 국립완주문화재연구소, 2020, p27

407 함한희 등, 「식민지 경관의 형성과 그 사회문화적 의미」 『한국문화인류학』 43권1호, 한국문화인류학회, 2010

408 1935년 「군산일보」 「전남북 지주 색채 양분」

409 함한희, 앞 논문

410 1935년 6월 19일 『동아일보』

411 1935년 6월 23일, 9월 1일 『조선일보』

412 이영춘, 『나의 교우록』 쌍천이영춘박사기념사업회, 2004, p27

413 이영춘, 앞 책, p23

414 이영춘, 앞 책, p26

415 이영춘, 앞 책, p28

416 이영춘, 앞 책, p45

08

417 1945년 11월 25일 『조선일보』

418 오동룡, 「대한민국 건국 전야-건국의 아버지 백범」 『월간조선』 2008년 1월호

419 김남식, 『남로당연구』 돌베게, 1984, p20

420 정상윤, 「건준 천하 20일」 『월간 4월』 5권 제9호, 사월공론사, 1971; 손세일, 「조선인민공화국의 주석과 내무부장」 『월간조선』 2010년 7월호, 재인용

421 『한민족문화대백과사전』 「조선인민공화국」

422 배진영, 「이승만의 발자취 서린 돈암장과 마포장」 『월간조선』 2017년 10월호

423 게인, 'Japan Diary', William Sloane Associates, 1948, p433

424 이경남, 『설산 장덕수』 동아일보사, 1981, p329~332

425 이만규, 『여운형선생투쟁사』 민주문화사, 1946, p226

426 게인, 'Japan Diary', William Sloane Associates, 1948, p434

427 『한국무역협회 통계』

428 『경국대전』 「공전」 '교로橋路'

429 이용욱, 「고려~조선시대의 도로 및 수레 연구」 『한국상고사학보』 116권, 한국상고사학회, 2022

430 유형원, 「반계수록」 25, 「속편」 上, '도로교량'

431 『한국도로사』 한국도로공사, 1981, p129

432 최영준, 「조선시대의 영남로 연구」 『지리학』 10권2호, 대한지리학회, 1975

433 1430년 7월 7일, 1438년 4월 15일 『세종실록』

434 1783년 1월 1일 『정조실록』

435 1472년 7월 27일 『성종실록』

436 1518년 5월 28일 『중종실록』

437 1435년 4월 11일 『세종실록』

438 1644년 9월 1일 『인조실록』

439 박지원, 『열하일기』 「일신수필」 '거제車制'

440 『땀과 눈물의 대서사시-고속도로 건설 비화』 한국도로공사, 1980, p92